essentials

essentials liefern aktuelles Wissen in konzentrierter Form. Die Essenz dessen, worauf es als „State-of-the-Art" in der gegenwärtigen Fachdiskussion oder in der Praxis ankommt. *essentials* informieren schnell, unkompliziert und verständlich

- als Einführung in ein aktuelles Thema aus Ihrem Fachgebiet
- als Einstieg in ein für Sie noch unbekanntes Themenfeld
- als Einblick, um zum Thema mitreden zu können

Die Bücher in elektronischer und gedruckter Form bringen das Fachwissen von Springerautor*innen kompakt zur Darstellung. Sie sind besonders für die Nutzung als eBook auf Tablet-PCs, eBook-Readern und Smartphones geeignet. *essentials* sind Wissensbausteine aus den Wirtschafts-, Sozial- und Geisteswissenschaften, aus Technik und Naturwissenschaften sowie aus Medizin, Psychologie und Gesundheitsberufen. Von renommierten Autor*innen aller Springer-Verlagsmarken.

Weitere Bände in der Reihe http://www.springer.com/series/13088

Daniela Eberspächer-Roth ·
Gernot Stegert

Leadership für Zuversicht 4.0

Vier Handlungsfelder für die digitale
Arbeitswelt und Gesellschaft

 Springer

Daniela Eberspächer-Roth
Hirrlingen, Deutschland

Gernot Stegert
Tübingen, Deutschland

ISSN 2197-6708 ISSN 2197-6716 (electronic)
essentials
ISBN 978-3-658-34988-2 ISBN 978-3-658-34989-9 (eBook)
https://doi.org/10.1007/978-3-658-34989-9

Die Deutsche Nationalbibliothek verzeichnet diese Publikation in der Deutschen Nationalbiblio-
grafie; detaillierte bibliografische Daten sind im Internet über http://dnb.d-nb.de abrufbar.

Planung/Lektorat: Marion Kraemer
Springer ist ein Imprint der eingetragenen Gesellschaft Springer Fachmedien Wiesbaden GmbH
und ist ein Teil von Springer Nature.
Die Anschrift der Gesellschaft ist: Abraham-Lincoln-Str. 46, 65189 Wiesbaden, Germany

Was sie in diesem *essential* finden können

- Situationsbeschreibung von Leadership in einer Mehrfach-Transformation
- Grundlagenwissen zu den Herausforderungen durch die Digitalisierung
- Bestimmung des Menschlichen im Gegenüber zur Maschine 4.0
- Handlungsansätze zur Schaffung von Zuversicht in einer digitalen Welt
- Umsetzungsempfehlungen und Ausblick

Vorwort

„Hallo, ich bin Texta. Sagen Sie mir Ihre vier Kerngedanken zu einem beliebigen Thema, geben Sie den Modus wie Fachbuch Essentials ein und ich recherchiere und schreibe los." Noch gibt es solch einen Algorithmus nicht. Eine Künstliche Intelligenz, die ein Buch über Künstliche Intelligenz, Leadership und Zuversicht verfasst, hätte uns viel Arbeit erspart. Zugleich aber hätten wir das Inspirierende der Zusammenarbeit verpasst und würde dem Ergebnis die persönliche Note fehlen.

Eine Unternehmerin und ein Journalist treffen sich. Beide sind als Wortprofis unterwegs, jedoch in grundverschiedenen Welten: Vertragstexte versus Zeitungstexte. Beide Autoren haben unterschiedliche Wissensarten und Erfahrungen, sie eint aber das Menschenbild mit daraus folgenden Werten. Und das Anliegen, Zuversicht zu verbreiten gerade in einer digitalen Welt, welche sich täglich in rasender Geschwindigkeit weiterentwickelt.

Schnell zeigte sich: Für ein Buch über Leadership für menschliche Zuversicht in der digitalen Welt waren die ganz großen Fragen nicht zu umgehen: Was ist der Mensch? Wie verändern Digitalisierung und Künstliche Intelligenz die Gesellschaften, Wirtschafts- und Arbeitsprozesse sowie Alltagswelten? Was bedeutet Leadership heute und in Zukunft? In der Tat ein volatiles, unsicheres, komplexes und ambigues Vorhaben – und ein schier unmögliches. 300, ja 3000 Seiten wären eigentlich nötig. Selbstverständlich können daher in einem Essential viele Gedanken lediglich angeteasert werden. Wir hoffen, zumindest hilfreiche Anstöße geben zu können.

Leadership für menschliche Zuversicht 4.0 beginnt im Persönlichen und wirkt weit in alle Bereiche. Von der Kunst, uns selbst und andere gut zu führen, hängt es wesentlich ab, wie innovativ unsere Organisationen die Herausforderungen der digitalen Transformation meistern und wie lebenswert unsere Gesellschaft auch in

Zukunft sein wird. Nicht Technologien sind die umwälzenden Kräfte, sondern die Systeme von Governance, Management und Leadership befinden sich in einem historischen Wandel. In dieser Transformation steckt die Gefahr einer sozialen Kernschmelze oder die Chance für eine Wirtschafts- und Gesellschaftsordnung des humanen Miteinanders. Menschliche Zuversicht ist der Lebenswille, der uns die Spielräume des eigenen Handelns für diese Zukunft jeden Tag neu erkennen lässt.

Beim gemeinsamen Nachdenken und Schreiben glückte, was Thema ist: Zuversicht wuchs im Tun. Die Zusammenarbeit erwies sich als iterativer Prozess, in dem ein Gedanke und ein Satz den anderen anregte. So gingen wir eine vertrauensvolle Wegstrecke. Wir danken unseren Lieben, dass sie uns Zeit für diesen Ausflug gaben. Und so wie die Entstehung des Buchs ein konstruktiver Dialog war, so sei es auch die Lektüre.

Dr. Daniela Eberspächer-Roth
Dr. Gernot Stegert

Die Originalversion des Buchs wurde revidiert. Ein Erratum ist verfügbar https://doi.org/10.1007/978-3-658-34989-9_7

Inhaltsverzeichnis

Die Situation – Leadership lost in Buzz Words

1.1 Künstliche Intelligenz – Maschinen machen Karriere

Den Begriff der künstlichen Intelligenz prägten die US-amerikanischen Informatiker John McCarthy, Marvin Lee Minsky, Nathaniel Rochester und Claude Shannon im Jahr 1956 auf der Dartmouth Conference. Die Tagung gilt auch als „Geburtsstunde" des Fachgebiets Künstliche Intelligenz. Diese besteht aus mehreren Themenfeldern wie zum Beispiel der Mustererkennung und dem Maschinellen Lernen, der Robotik oder der Mensch-Maschine-Interaktion (Bundesministerium für Bildung und Forschung (BMBF) 2021) Seither durchdringen eine Vielzahl neuer Begriffe die digitale Arbeitswelt und unsere Gesellschaft: Leadership lost in Buzz - Words (Abb. 1.1) .

Roboter spielen Tischtennis und Fußball. Sie bringen im Krankenhaus das Frühstück oder helfen bei der Pflege. In Fabriken steuert und überwacht Software die Produktion mit Qualitätskontrolle. Planungssysteme unterstützen Vertrieb, Beschaffung, Lagerhaltung und Logistik. Virtuelle Welten erlauben Schulungen – etwa an Maschinen – über Kontinente hinweg ohne aufwendige Dienstreisen. Durch Gamefication werden zum Beispiel Rückenkranke spielerisch und anschaulich zu hilfreichen Übungen animiert. Autos fahren selbst. Sprache wird immer mehr durchdrungen. Analyse, Übersetzung und Produktion sind längst im Alltag präsent. Spracherkennung und -steuerung reichen vom Diktieren bis zur umfassenden Wunscherfüllung im Smart home. Die mündliche Kommunikation mit Sprachassistentinnen wie Siri, Alexa oder Cortana basiert darauf. Handschriften sind lesbar, zum Beispiel auf dem Touchscreen eines Tablets. Text Mining extrahiert Kerninformationen, sogar Stimmungen. Maschinelles Übersetzen überwindet

D. Eberspächer-Roth und G. Stegert, *Leadership für Zuversicht 4.0*, essentials, https://doi.org/10.1007/978-3-658-34989-9_1

Abb. 1.1 Leadership lost in Buzz-Words (eigene Darstellung)

Grenzen blitzschnell. Programme schreiben Texte, keineswegs nur mehr einfache Standards. Bots kommentieren auf Sozialen Medien. Avatare sind Gegner oder Verbündete in Computerspielen. Suchmaschinen schlagen Schneisen durch den Informationsdschungel. Die Gesichtserkennung sortiert automatisch die Bilderflut im digitalen Fotoalbum, dient der Authentifizierung bei geschäftlichen oder amtlichen Vorgängen, erlaubt die Fahndung nach Kriminellen, aber auch die Überwachung einer ganzen Bevölkerung. Deepfakes heißen die Ergebnisse des täuschend echten Manipulierens von Fotos, etwa durch das Austauschen von Gesichtern oder anderen Körperteilen. Expertensysteme steuern Roboter auf dem Mars oder in der Tiefsee. Sie unterstützen Anwälte und Ärzte.

Ist also nicht nur die Maschine mit Greifarmen am Band in einer Fabrik „Kollege", sondern auch die Software für akademische Berufe? Noch können Maschinen nur im übertragenen Sinn Karriere machen. Wann können Sie es auch im wörtlichen Sinne? Das klingt fremd. Aber das waren all die Roboter und Gadgets von heute vor wenigen Jahren ebenfalls. Wer über die Künstliche Intelligenz nachdenkt, muss auch über die natürliche nachdenken. Was ist der Mensch? Die Frage ist zu groß für dieses kleine Buch. Und doch steht sie wie ein Berg vor dem Ziel. Zumindest Ausläufer werden auf dem Weg zu überwinden sein (Kap. 3). Die These in diesem Essential ist: Nicht die Möglichkeiten digitaler Technik sind entscheidend für unsere Zukunft, sondern wie wir Menschen damit umgehen. Das ist die wahre Revolution.

1.2   Globale Pandemie – Führung go´s digital

Kacheln mit Talking heads ohne Ton sind das Symbolbild der veränderten Arbeitswelt in Zeiten der Corona-Pandemie. Videokonferenzen ersetzen formelle und informelle Besprechungen. Im Laufe der Monate wird es zur Routine, sich zu entmuten – ein neuer Ausdruck im Berufsalltag. „Präsenz" wird überhaupt erst als Gegenüber zum Homeoffice bewusst. Die persönliche Begegnung am Arbeitsplatz ist für viele zumindest zeitweise ausgesetzt – vom angeregten Plausch vor dem Kaffeeautomaten bis zur spontanen Nachfrage zur Sache bei der Kollegin über den Schreibtisch hinweg.

Homeoffice ist weit verbreitet, vielleicht das neue Normal. Denn es spart Unternehmen Kosten für Büroräume, Dienstreisen und fixe Arbeitszeiten sowie Arbeiternehmern Zeit, Geld und Energien für die Wege zur Arbeitsstätte und zurück. Henner Gimpel und sein Team vom Fraunhofer Institut für Angewandte Informationstechnik haben dazu über 1000 Beschäftigte in zwei Zyklen (vor und während der Corona-Pandemie) befragt. Die Kernergebnisse lauten: „Die Arbeitsmenge und berufliche Anforderungen sinken." Dazu zählen netto Arbeitsstunden, emotionale Anforderungen durch die Berufstätigkeit sowie die Anzahl sozialer Konflikte. Doch verlängern sich die Zeiträume, in denen gearbeitet wird durch die Vermischung von Arbeits- und Privatleben. „Private Anforderungen steigen." Das reicht von der Organisation zuhause bis zu finanziellen Sorgen. Während manche digitalen Belastungsfaktoren steigen, sinken andere. Auf der einen Seite gibt es immer mal wieder Probleme mit der Technik, auf der anderen steigt die Beherrschung der Tools durch Übung. „Digitaler Stress im Homeoffice ist sehr individuell. Menschen mit Erfahrung bzw. Zuversicht im Umgang mit digitalen Technologien und Medien kommen besser mit der Homeoffice-Situation zurecht." (Gimpel et al. 2021, S. 7).

Schon hier wird deutlich: In einer Pandemie ist das Handeln jeder und jedes einzelnen zentral. Denn kein Staat kann und soll in das Privatleben hineinregieren, wie es ohne Eigenverantwortung für das Vermeiden von Infektionen nötig wäre. Zugleich ist Leadership in allen gesellschaftlichen Bereichen gefragt: von der Politik, von Arbeitgebern, von Pflegeheimleitenden, von Lehrern und Lehrerinnen, von Trainern im Sportverein, von Eltern … von allen. Wie wichtig Führung wäre, zeigt sich ex negativo seit dem Herbst 2020 bei den Regierungen in Deutschland. Auf Bundes- und Landesebene fallen Strategielosigkeit, Kommunikationsmängel und konkrete Fehler in der Organisation – erst von Masken, dann von Schnelltests und Impfstoffen – auf. Gravierender aber sind die strukturellen Defizite, die nicht länger schöngeredet werden konnten wie eklatante Rückstände bei der digitalen Infrastruktur, bei der Digitalisierung von Verwaltungen, Schulen und Arbeitsplätzen oder ressourcen- und zeitfressende Bürokratien.

Spürbar wurde auch: Menschen sind soziale Wesen und suchen nach Austausch mit anderen, sie leben von und mit Beziehungen. Die innere Ordnung dieser Beziehungen ist nicht chaotisch, sondern sie folgt expliziten oder impliziten Spielregeln und Interaktionsmustern. Diese sind plötzlich fragil, manche zerbröseln, lösen sich auf, andere wandeln sich. Neues entsteht. Führung ist in dieser Situation wichtiger denn je, damit die Entwicklung nicht einfach geschieht, sondern gestaltet wird, damit Menschen nicht verunsichert und irritiert werden, sondern Sicherheit und Orientierung erfahren.

1.3   VUCA-Welt – Die Entmachtung der Hierarchie

Die Menschheitsgeschichte ist auch eine der fortschreitenden Institutionalisierungen. Je größer die Organisationen, desto mehr sind sie geprägt von Routinen und linearen Führungsstrukturen (vgl. Ismail, Malone und van Geest 2014, S. 66). Sie neigen dazu, für lange Zeiträume zu planen, und tun dies anhand von Ergebnissen der Vergangenheit. Sie versuchen, den Status quo zu sichern, und lehnen Risiken ab. 1990 kam es zu einem bisher weltweit einmaligen Ereignis: Eine friedliche Revolution beendete den Kalten Krieg. Für die Beschreibung der multilateralen Welt nach dem Ende der globalen Fronten zwischen Westen und Ostblock, insbesondere durch den Fall der Mauer, wurde erstmalig an einer US-amerikanischen Militärhochschule der Begriff VUCA geprägt. Das Akronym steht für volatil, unsicher, komplex und ambiguous. Erst später wurde dieser VUCA-Begriff an die aufkommenden Ideen von strategischer Leadership adaptiert.

Die Welt ist volatil: Alles verändert sich, immer schneller, fließt, dreht sich. Altbewährtes passt nicht mehr, über Jahrhunderte oder zumindest Jahrzehnte erfolgreiche Strategien, Strukturen, Leitlinien sind Teil des Problems statt der Lösung. Erfahrungsschätze verlieren an Wert. Eine lineare Fortschreibung der Gegenwart in die Zukunft mit eingespielten Planungsverfahren wird immer weniger funktionieren (vgl. Wimmer 1996, S. 51 f.). Führungskräfte tun gut daran, sich mehr und mehr von den Vorstellungen absoluter Beherrschbarkeit, sicheren Prognosen und einmal festgelegten Verhaltensmustern zu verabschieden (vgl. Weibler 2012). Bindungen lockern sich, auch die Beziehung von Kunden zu Unternehmen, Marken und Produkten.

Die Welt ist unsicher und ungewiss (uncertain): Welt- und Menschenbilder haben Risse bekommen. Einst sichere Arbeitsplätze, Geschäftsmodelle, Branchen wie Autobau, Banken oder Versicherungen sind in Gefahr. Konzerne von gestern sind weg vom Fenster, Traditionsunternehmen von heute kämpfen um die Zukunft, Startups von vor 20 Jahren sind globale Marktführer. Die problematische, aber stabile Weltordnung mit dem Westen und Osten als Blöcke ist zerfallen in eine neue multipolare Lage mit mehreren Machtzentren. Neue Kriege sind Ausbrüche der verschobenen Tektonik wie Vulkane. Der Klimawandel bedroht die Zivilisationen und zwingt zur ökologischen Transformation der Gesellschaften und Wirtschaften. Zukunftsszenarien klingen wie Science fiction. Kaum einer weiß wirklich, wohin die Reise geht. Entsprechend rätseln Unternehmer und Unternehmerinnen, wo ihre Märkte und Kunden von morgen sind, und können entsprechend schwer planen.

Die Welt ist komplex (complex): Was Kybernetiker und Chaostheoretiker in den 1960er und 1970er Jahren beschrieben haben und was damals abstrakt klang, ist längst Alltagserfahrung: Alles hängt mit allem zusammen. Veränderungen an einem Detail können sich aufs Ganze auswirken. Selbst vage Erkenntnisse sind, verstärkt durch neue Kommunikationsinstrumente, in der Lage, eine Kettenreaktion auszulösen (Greif 1996, S. 57). Solche nicht vorhersehbaren Effekte auf ein Gesamtsystem umschreibt der Schmetterlingseffekt, der aus der Klimatheorie stammt. Bei einer labilen Klimalage kann bereits der Flügelschlag eines Schmetterlings einen Wirbelsturm verursachen. Oder wie beim Corona-Virus: Eine Fledermaus im chinesischen Wuhan kann eine weltweite Pandemie auslösen. Politik, Wirtschaft und Gesellschaft erkennen, dass sie viel anfälliger sind als gedacht. Komplexität heißt auch: Der Überblick fällt schwer. Das gilt auch für Gewichtungen und Entscheidungen, weil viele Faktoren bedeutsam sind. Hinzu kommt die Fülle von zur Verfügung stehenden Informationen, die oft als Überflutung empfunden wird und mehr vernebelt als klärt.

Die Welt ist mehrdeutig (ambiguous): Vieles ist anders als gedacht, die Lage verwirrend. Wahrnehmungen und Interpretationen stellen sich als trügerisch oder unzureichend heraus. Vorhandene Deutungsmuster passen nicht mehr. Ursache und Wirkung stehen nicht in einem eindeutigen Zusammenhang. Viele Unbekannte erschweren die Rechnung.

Dieser VUCA-Welt entsprechend haben vor mehr als zwanzig Jahren 17 amerikanische Softwareexperten ihr Manifest für Agile Softwareentwicklung veröffentlicht. Sie haben damit nicht nur die Softwareentwicklung revolutioniert, agile Methoden sind zwischenzeitlich zum Standard geworden (vgl. Daum 2020).

Ihre Werte und Prinzipien – Kundenorientierung, Eigenverantwortung und Selbstoptimierung – werden zeitnah zum Imperativ jeglicher Arbeit. Analog zum
menschlichen Gehirn bleibt „Denken" nicht mehr einer hierarchisch überge-
ordneten Schaltzentrale vorbehalten, sondern ist Aufgabe aller Teammitglieder.
Der Neurophysiologe und Kybernetiker Warren McCulloch prägte erstmalig
den Begriff der Heterarchie für diese Bildung und Funktionsweise neuronaler
Netze, bei denen synaptische Verbindungen „gleichberechtigt" zusammenarbei-
ten (McCulloch 1945, S. 89–93). Im Gegensatz zu digitalen Hierarchien, deren
Strukturen durch Routinen vorgegeben sind, erfordern menschliche Heterarchien
Kreativität und Innovationsbereitschaft (siehe Abb. 1.2).

Diese VUCA-Welt überfordert viele Menschen, sie fliehen: ins Gestern alter
Rezepte, in schlichte Ideologien, totalitäre Strukturen, in Depression oder Aggres-
sion, Drogen oder Selbstoptimierungs-Süchte, in Hygge-Idyllen oder Subkultur-
Höhlen. Doch der Mensch kann sich veränderten Lebensbedingungen anpassen,
wie Extreme zeigen: Inuit leben mit für Mitteleuropäer unvorstellbarer Kälte im
Eis, Beduinen mit unmenschlicher Hitze in der Wüste. Menschen mit einer Quer-
schnittslähmung nach einem Unfall entwickeln Kräfte, die sie sich zuvor nie

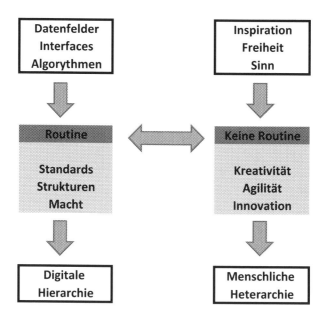

Abb. 1.2 Digitale Hierarchie versus menschliche Heterarchie (eigene Darstellung)

zugetraut hätten. Menschen mit Downsyndrom strahlen meist eine mitreißende Lebensfreude aus. Auch in der VUCA-Welt gilt: Sei kein Frosch. Oder wenn, dann in einem fabel-haften Sinne (siehe Abschn. 4.2).

2.1 Alles anders – Transformation, Revolution, Disruption

Wo sind all die Müller, Maier, Schmiede, Schuster und Gerber? Von ihnen blieben nur Nachnamen und Exponate in Heimatmuseen. Schon immer haben neue Technologien Berufe und Branchen sterben lassen. Erst vernichtete die Industrialisierung alte Handwerke, dann reduzierte und veränderte die Automatisierung Bandarbeitsplätze, nun ersetzen intelligent gesteuerte Roboter und 3D-Drucker weitere körperliche Tätigkeiten. Doch der Wandel durch KI geht weit darüber hinaus. Dramatisch sind erstens die Beschleunigung und zweitens der Umfang der Transformation, die eben eine Disruption ist. Sie zerstört auch höher qualifizierte Berufe etwa in Dienstleistungen. Bei Banken fallen nicht nur die Stellen von Schalterangestellten durch Online-Banking weg. KI gefährdet die Jobs von Börsenhändlern. Der Historiker Yuval Noah Harari zählt anschaulich weitere Tätigkeitsfelder auf (2019, S. 469–488), die wohl nur wenige noch zehn Jahre zuvor für gefährdet gehalten hätten, am wenigsten die Betroffenen. Prognosen sind oft mit Vorsicht zu genießen, doch ist unstrittig, dass sich Arbeitswelt und auch Berufslandschaft in den nächsten ein bis zwei Jahrzehnten transformieren und oft auch eruptiv verändern werden.

2.2 Völlig losgelöst? – Disruption der Beziehung zur physischen Welt

Die Mail gab Ärger. Dabei war sie doch normal-höflich geschrieben, eine Kritik nur angedeutet. Und doch kam sie schroff an. Wer kennt das nicht? Mails fehlen

D. Eberspächer-Roth und G. Stegert, *Leadership für Zuversicht 4.0*, essentials, https://doi.org/10.1007/978-3-658-34989-9_2

die Zwischentöne, die freundliche zugewandte Stimme etwa. Deshalb wird privat wie beruflich lieber telefoniert. Dort allerdings mangelt es an Blick, Mimik und Gestik. Kein Wunder, dass in Corona-Pandemie-Zeiten Video- den Telefonkonferenzen vorgezogen worden sind. Die sind meist sachlicher und effektiver als Präsenzsitzungen. Doch vermissen viele das persönliche Miteinander, fühlen keine Atmosphäre, saugen keine Stimmungen auf. Die Körperlichkeit von Kommunikation fehlt.

Auch in anderen Bereichen haben digitale entmaterialisierte Formen die analogen körperlichen abgelöst: Im Onlinehandel wird ohne Anschauung gekauft, ein zweidimensionales Foto ersetzt beispielsweise das dreidimensionale Anprobieren eines Schuhs oder einer Hose. Das ist praktisch, doch wo die Haptik von Gegenständen und die Leiblichkeit von Menschen ersetzt werden durch inszenierte Fotos und Filme, ist die Manipulation leicht. Ähnlich wirken Siri und Alexa, die immer dienstbereit und freundlich klingen und so Konversation simulieren. Zu einem echten Gespräch gehören Ambivalenzen und auch mal Gefühle.

Ein Übermaß an Emotionen gibt es an anderer Stelle: Statt am Stammtisch in der Kneipe um die Ecke, bei dem jeder jeden kennt, wird auf den „sozialen" Netzwerken diskutiert, gestritten, geschimpft und polemisiert, mit ein paar Bekannten, vielen Fremden, etlichen Anonymen oder gar Chatbots. Da wird sich in den hohlen Echokammern erregt und kein Wirt sagt: „Jetzt ist aber mal gut. Geh lieber mal nach Hause!" Viele finden gar nicht mehr den Weg zurück aus den digitalen Parallelwelten aus Beleidigungen, Fakes und Verschwörungstheorien. Sie halten ihre Wahnwelt für die Wirklichkeit und betrachten diese mit den Augen jener. Auf realem Boden bewegen sich höchstens ihre Füße bei einer Demonstration der „Querdenker" oder anderen Eskapisten-Gruppen. Wie wirksam die Immunisierung von Massen gegen Fakten durch Fakes ist, hat Donald Trump als US-Präsident in aller politischen Dramatik gezeigt. Die Entwirklichung hat viele Gesichter.

2.3   Gnadenlos – Die instrumentäre Macht der Überwachungsökonomie

Wie wäre es, wenn jeder einen persönlichen Algorithmus hat? Der könnte sagen: „Ich weiß alles über dich. Ich weiß, was du liest und was du isst. Wie oft du mit der Bahn verreist oder das Flugzeug nimmst. Ich kenne deine Schuhgröße und die Farben deiner Kleider. Ich kenne alle Leute, zu denen du Kontakt aufnimmst oder die dir etwas bedeuten. Ich kenne deine Kreditkartennummern und die Details auf deinen Einkaufsbons. So kann ich die Dinge bestellen, die du brauchst und dir wünscht, ohne dich vorher fragen zu müssen. Ich weiß, was du fühlst, was du brauchst und was du magst. In Wirklichkeit weiß ich es sogar besser als du selbst." (Meckel 2011, S. 13). Ist das eine Dystopie, eine Horrorvision? Ja und nein, auf alle Fälle mittlerweile schon fast Wirklichkeit.

Aus Suchanfragen und Kaufgewohnheiten errechnen Algorithmen ein sehr genaues Profil. Durch die Trackingfunktion weiß ein US-Konzern immer, wo man gerade ist. Kaum jemand lässt die Cookies nicht zu, die pro forma fragen, ob wir einverstanden sind. Auch das digitalisierte Auto und das Smart home, das Wlan und Fernsehen dringen als „Datendiebe" in die Privatsphäre ein. Wir hinterlassen durch all die schönen digitalen Helfer Daten, die die Algorithmen großer Konzerne auswerten – kommerziell, aber auch zum Aufbau einer beispiellosen (Markt-)Macht.

Schon die einzelnen Datenspuren verraten viel über uns, ihre Verknüpfung macht uns gläsern. Mehr noch: Wir hinterlassen gleichsam keine Fußabdrücke im Sand, die mit der Zeit verwehen, sondern alles ist für immer und ewig in Stein gemeißelt. Das globale elektronische Datennetz sieht alles und vergisst nichts. Es ist gnadenlos. Vielleicht habe ich mich auf Facebook in einer erregten Debatte zu einer Äußerung hinreißen lassen, die ich mittlerweile bereue. Vielleicht hat jemand von mir auf Instagram ein unvorteilhaftes Foto gepostet. Beides ist nicht mehr aus der Welt zu bekommen.

Die US-amerikanische Wirtschaftswissenschaftlerin Shoshana Zuboff (2018) hat den Begriff des „Überwachungskapitalismus" geprägt. Sie beschreibt damit die Entwicklung, dass private Unternehmen persönliche Daten sammeln, analysieren, verknüpfen und kommerziell verwerten. Das Geschäftsmodell hat zwei Aspekte. Zum einen führt es zu einem personalisierten und damit zeitgemäßen Angebot für Kunden. Nicht allein die Werbung, das Produkt selbst kann auf Bedürfnisse zugeschnitten werden. Es wird nicht mehr nur einmal unverändert auf den Markt gebracht. Zum anderen aber hat die Individualisierung den Preis, dass Konzerne die Wünsche, Vorlieben, auch Emotionen der Menschen einschätzen und vorhersagen können. Da braucht es kaum noch eine Schnittstelle ins Gehirn, um Gedanken lesen und auch manipulieren zu können. Die radikale Personalisierung führt so paradoxerweise zur Entmündigung der Person.

2.4 Schafft der Mensch sich ab? – KI als nächste Evolutionsstufe

„Du siehst heute traurig aus." Solche Sätze sagen sich Kollegen und Kolleginnen, die sich gut kennen, vielleicht jahrelang nebeneinander in der Fertigungshalle stehen oder Schreibtisch an Schreibtisch sitzen. So können – in einem Duz-Milieu, sonst mit „Sie" – auch aufmerksame Chefs und Chefinnen ein Gespräch mit einem

Mitarbeiter oder einer Mitarbeiterin beginnen, einfach so oder um einem Leistungsabfall auf die Spur zu kommen. Denkbar ist der Satz auch als Einstieg eines Mitarbeitergesprächs. Tatsächlich sagt ihn aber ein persönlicher Algorithmus zu „seinem" Menschen, der wie ein entmündigtes Haustier erscheint. Mit „Du siehst heute traurig aus" beginnt das Buch „Next" der Kommunikationswissenschaftlerin Miriam Meckel (2011, S. 13). Die Professorin für Corporate Communication an der Universität St. Gallen und geschäftsführende Gesellschafterin der ada Learning GmbH für digitale Weiterbildung hat vor zehn Jahren schon in einem Gedankenspiel die Überwindung der Menschen durch Künstliche Intelligenz als nächster Entwicklungsstufe skizziert. Viele andere Autoren haben entsprechend, nur weniger anschaulich die Gefahren beschrieben.

So stellt sich die Machtfrage doppelt: Welche Menschen beherrschen welche Menschen. Und grundlegender noch: Beherrscht der Mensch die Maschine? Oder ist es (schon) umgekehrt? Ist die Künstliche Intelligenz der nächste Schritt der Evolution nach dem Menschen? Der Historiker Yuval Noah Harari geht davon aus. In seinem Bestseller „Homo Deus" entwirft er die Vision, dass Algorithmen Unternehmen führen und Staaten regieren können. Der Homo Sapiens sei dann bis auf ein paar Programmierer entbehrlich, eine „nutzlose Klasse" (Harari 2019, S. 488). Schon jetzt seien scheinbar menschliche Besonderheiten wie der freie Wille und der Individualismus, zugleich Grundlage für Gesellschaften und Rechtssysteme, bloße Irrtümer, überkommene „Glaubenssysteme".

Man kann die Machtfrage auch eine Nummer kleiner stellen: Wächst uns die Digitalisierung über den Kopf? Der Mathematiker Steven Stogratz warnte vor dem „Ende der Einsicht", kein Mensch könne die Rechnungen der Computer noch überprüfen (zitiert nach Schirrmacher 2009, S. 77). Zu komplex seien sie. Ein Beispiel sind die Finanzmärkte, wie sich in der weltweiten Finanzkrise 2008 gezeigt hat (vgl. Schirrmacher 2009, S. 56 f.).

2.5   Funktionieren bis der Arzt kommt – Warum sich der Mensch nicht der Maschine anpassen sollte

Das Symbol der Industrialisierung 1.0 ist das Fließband. Es beherrscht die Arbeiter daran, bestimmt die Aufgaben, diktiert das Tempo, taktet das Werken, oft im Akkord. Der Mensch ist ein Rädchen im Getriebe. Charlie Chaplin hat 1936 in seinem Film „Modern Times" dazu das ikonografische Bild geschaffen. Auch der Büroalltag wurde industrialisiert. Stechuhren erfassen die Zeit, Schreibtischreihen im Großraumbüro bilden das Fließband ab. Email-Eingangsordner wirken wie dieses selbst. Das System ist starr, lässt dem Menschlichen und der Kreativität keinen Platz. Es erschöpft körperlich und oder psychisch, macht krank. Das gilt im Wesentlichen auch für die Arbeitswelt 4.0. Digitale Arbeit erzeugt digitalen Stress. Viele Krankenkassen und Gimpel et al. (2019) haben in Studien die negativen Auswirkungen gezeigt. Der im Grunde technikfreundliche Publizist Frank Schirrmacher pointierte die Eindrücke zu der Kapitelüberschrift „Multitasking ist Körperverletzung" (2009, S. 69) und belegte dies und andere Überforderungen des Internetzeitalters mit Beispielen. „Die Informationstechnologie hat die Welt des Frederick W. Taylor zurückgebracht, jenes legendären Arbeitsoptimierers, der das Leben nach der Stoppuhr erfand und auf den viele der inhumanen Effizienzmethoden der industriellen Arbeitswelt zurückgehen." (2009, S. 49) Auf den „digitalen Taylorismus" habe zuerst die amerikanische Journalistin Maggie Jackson hingewiesen. So wie Taylor die Arbeitsplätze in hocheffiziente kleine Einheiten zerstückelte, so nun die digitale Variante „Leben, Zeit und Gedanken". Und Schirrmacher wundert sich: „Die meisten Menschen unterwerfen sich freiwillig den Befehlen der Mikroprozessoren." (2009, S. 49).

Nicht bloß einfache Tätigkeiten, vor allem Komplexität kann die KI-Maschine besser als der Mensch. Wollen wir mithalten, sind wir als einzelne wie als Spezies überfordert mit allen Symptomen und haben schon verloren. Dem Menschen ergeht es als Maschine schlecht. Die Strategie der Anpassung oder Angleichung kann nur scheitern, sie überfordert uns. Wir funktionieren nicht annähernd so gut wie unsere Kreaturen. Die Evolution der KI ist schneller als die des Homo sapiens, seines Leibes und seiner Psyche. Der Mensch als Rädchen im KI-Getriebe verliert, er kann nur anders sein (siehe Abschn. 3.1). Das gilt ebenso außerhalb der Arbeitswelt. Auch in Gesellschaft, Freizeit, Privatem und Intimem machen sich die Menschen mit ihrem Leistungs- und Zeitdruck Stress. Oft beschrieben ist die Sucht nach Perfektheit in Aussehen, körperlicher und geistiger Fitness, die Selbstoptimierung auch unter jungen Facebooknutzern (Dorsey 2016, Krasnovca 2013). Wenn das bearbeitete Instagram-Foto von Influencern zum Vorbild wird, sind keine Makel mehr erlaubt.

MI 4.0 – Sich auf das Menschliche besinnen

3

3.1   Die Menschmaschine? – Ich und Du sind kein Es

Humor verhilft oft zur Einsicht. In der satirischen Bestseller-Fiction „Qualityland" von Marc-Uwe Kling gibt es Maschinen mit menschlichen Eigenschaften, etwa einen Kampfroboter mit posttraumatischer Belastungsstörung oder eine Drohne mit Flugangst. Es gibt aber auch positive humane Merkmale: Im Verlauf der Handlung zeigen die Maschinen Gefühle und Sinn für Kooperation.

Maschinen, auch die selbstlernenden, sind ein Spiegel der Menschen. Im Gegenüber der künstlichen Intelligenz erkennt sich die menschliche Intelligenz (MI). Was erscheint dort? Das, was die Technik übrig lässt? Ende des 20. Jahrhunderts dachte man noch, „Computer" könnten vieles, aber niemals einen Schachweltmeister besiegen oder Gesichter erkennen. Versuche wurden belächelt wie von manchen heute die oft noch ungelenken Sportversuche von Robotern. Doch die Entwicklung hat menschlichen Hochmut bestraft. Definiert sich der Mensch ex negativo durch das, was (noch) nicht technisch geht, macht er sich zum Lückenbüßer und erscheint so traurig wie der Eisbär auf der Eisscholle am schmelzenden Pol. Dem Menschen ergeht es dann wie dem Gott vergangener Jahrhunderte. Mit jedem neuen Wissensparadigma musste er sich zurückziehen. Genau genommen: Nicht Gott wurde verdrängt, sondern ein allzu menschliches und überholtes Gottesbild.

Was ist also das richtige Menschenbild, eines, das nicht schon bald durch die Dynamik der exponentiellen technologischen Entwicklung alt aussieht? Oder bleibt dem Menschen nur der Ausweg, sich zum Cyborg aufzurüsten, zur besseren Maschine zu werden, sich etwa durch Hirnimplantate zu übertreffen, um sich

D. Eberspächer-Roth und G. Stegert, *Leadership für Zuversicht 4.0,* essentials, https://doi.org/10.1007/978-3-658-34989-9_3

mit den Datenmengen der KI zu vernetzen? Es kann sein, dass uns dies in wenigen Jahren gar nicht mehr fremd erscheint, sondern „natürlich" wie heute Brillen, Hörgeräte, Herzschrittmacher, Prothesen und vieles mehr. Entscheidend wird am Ende sein, ob menschliche Qualitäten gewahrt bleiben. Doch welche sind dieses? Ein paar Stichworte sollen den von Forschern aller Disziplinen über Jahrhunderte aufgezeigten Horizont zumindest andeuten, wobei auf vier (Kommunikation, Bewusstsein, Willensfreiheit und Weisheit) etwas ausführlicher eingegangen wird, weil sie von manchen KI-Experten reduziert werden.

Leib: Menschliches Leben ist und bleibt an den Körper gebunden und lässt sich nicht in einer Cloud führen. Mag sich die Seele beim Sterben auch entfernen, wie Nahtod-Erfahrungen nahe legen, so ist der Mensch dann eben auch tot. Mediziner und Psychologen haben die vielfältigsten psychosomatischen Wechselwirkungen erforscht. Auch die räumliche Nähe unterschiedlichster Art zu anderen Menschen ist nicht dauerhaft ersetzbar, wie zuletzt in der Corona-Pandemie spürbar geworden ist.

Persönlichkeit: Menschen bilden eine Identität heraus – kognitiv, emotional, sozial –, wie Entwicklungspsychlogen vielfach beschrieben haben. Ein Ich entsteht, das auch aus vielen Ichs bestehen kann. Es formt sich in Begegnungen mit anderen Personen. Ein Ich wird erst in der Beziehung zum Du zum Ich, wie Martin Buber 1923 seine einflussreiche dialogische Anthropologie beschrieb.

Gemeinschaft: Nicht nur Kaspar Hauser verkümmert ohne andere Menschen. Wir brauchen die innere und äußere Nähe zu anderen. Diese Vernetzung ist mehr als die von Daten. Wir sind soziale Wesen, auch in einem zweiten Sinn. Menschen suchen Anerkennung und empfinden Glück beim Helfen. So entsteht das Paradox, dass Altruismus egoistisch sein kann. Wir fühlen und leiden mit, wir empfinden und tragen Verantwortung für andere.

Gefühle: Maschinen haben und äußern keine Gefühle. Sie können diese nur simulieren. Es bleibt ein Unterschied, ob Siri oder die Mutter ein Kind tröstet. Noch die eloquentesten, vielleicht sogar schönsten Sätze sind eben eines nicht: authentisch. Und kommt dieser Unterschied nicht schon zum Ausdruck, wenn jemand beklagt, ein anderer habe sich „ja gar nicht wirklich, sondern nur der Form halber" entschuldigt?

Kreativität: Ein Mensch kann Neues schaffen, auch ohne zu wissen, warum, wozu und wie. Das Schöpferische von Erfindern oder Künstlern ist mehr als die

„Darwin-Maschine", wie der Neurobiologe William H. Calvin (1993, S. 332–345) die natürliche und möglicherweise auch künstliche Intelligenz nennt, die nach den Prinzipien Zufall und Selektion der Evolution funktioniere.

3.2 Nicht auf Sendung – Kommunikation ist Verständigung

Menschen tauschen keine Informationen aus, wie lange in Kommunikationsmodellen behauptet, sie senden keine Nachrichten, die ein Empfänger decodieren müsste, oder befehlen etwas und führen dieses aus. Sie meinen und verstehen etwas in bestimmten Zusammenhängen: Situationen, Personen-Konstellationen, Kontexten, Kotexten etc. Sprache entwickelt sich aus Sprechen, und Sprechen beruht auf Sprache. Diese ist ein System von Regeln und Konventionen, bleibt aber durch die Anwendung, durch Neuerungen und Präzedenzen, ständig in Bewegung. Die zahlreichen Kommunikationsmodelle, die sich an technischen Vorstellungen anlehnen, veralten nicht nur rasch wie das am Telegraphieren orientierte Codieren, sondern beschränken Kommunikation auf die Sachebene. Schon Friedemann Schulz von Thun (1981) hat in seinem viel zitierten Kommunikationsquadrat die Beziehungsebene zwischen Menschen, die expressive Seite und den Appellcharakter ergänzt. Diese vier Aspekte sind jedoch immer noch eine Reduktion der Vielfalt menschlicher Verständigung.

Wir teilen nicht nur etwas mit, sondern grüßen und verabschieden uns, bieten an und bitten, fordern auf und versprechen, beleidigen und entschuldigen uns, danken und trösten, wie zuerst 1936 Ludwig Wittgenstein im berühmten Paragraphen 23 seiner „Philosophischen Untersuchungen" deutlich machte (Wittgenstein 1953). Er schrieb: „Sieh den Satz als Instrument an und seinen Sinn als seine Verwendung." (§ 421) Diese wiederum ist eingebettet in „Sprachspiele" und diese in „Lebensformen" (§ 23). Dieser Ansatz wurde weiterentwickelt in den 1960er Jahren von John L. Austin und John R. Searle zur Sprechakttheorie und später von zahlreichen Philosophen, Linguisten und Sozialwissenschaftlern zur sprachlichen Handlungstheorie und Kommunikationsanalyse, die sich in der Praxis bei der Erklärung und Verbesserung von so Unterschiedlichem wie technischen Anleitungen, Alltagsgesprächen oder Medien bewährt hat.

3.3   Mehr als Software – Sich des Bewusstseins bewusst sein

Die selbstlernende Maschine kann Regeln auf sich selbst anwenden, aber das ist noch kein Bewusstsein. Rekursiv ist nicht reflexiv. Begriffe wie „denken", „verstehen" und „Intelligenz" bleiben für Technik Metaphern. Zugrunde liegt ein Kategorienfehler, oft aus Innovations-Euphorie entstanden. Er geht zurück auf Genies wie Alan Turing und Marvin Minsky. Der Erfinder des ersten Computers und der Mitbegründer der KI betrachteten Gehirn und auch Geist als Maschine – ein bei ihnen produktiver Irrtum, aber ein Irrtum. Er verführte Minsky auch dazu, falsche Prognosen aufzustellen. So sollte KI schon in den 1970er Jahren einem mittelintelligenten Menschen ebenbürtig sein. Biologen machen sich ebenso angreifbar, indem sie ihre Erkenntnisse verabsolutieren. Der Nobelpreisträger und Mitentdecker der DNA-Struktur Francis Crick etwa predigt die Menschen geradezu an, „dass Sie, Ihre Freuden und Leid, Ihre Erinnerungen, Ihre Ziele, Ihr Sinn für Ihre Identität und Ihre Willensfreiheit in Wirklichkeit nur das Verhalten einer riesigen Ansammlung von Nervenzellen und dazugehörigen Molekülen sind" (zitiert nach Noë 2009, S. 19). Dabei erklärte bereits der überzeugte Darwinist William H. Calvin, dass das Bewusstsein mehr als seine Basis ist: „Man kann sich von der Klangfülle einer Sinfonie keine Vorstellung machen, wenn man bloß die technischen Details der einzelnen Instrumente des Orchesters kennt, so wie man sich auch kein Bild von einem Ballett machen kann, wenn man weiß, wie Muskeln und Nerven funktionieren." (Calvin 1993, S. 12) Ähnlich ist das Verhältnis von Buchstaben und Kommunikationen.

John R. Searle (2004) etwa hat gegen die Verwechslung der Kategorien Computer, Gehirn und Bewusstsein argumentiert. Der Geist ist nicht nur mehr als die Hardware des Gehirns. Der Philosoph Alva Noë schreibt: „Der Geist ist nicht die Software des Gehirns." (2009, S. 193) Er geht noch weiter als sein Professoren-Kollege in Berkeley: „Die Welt zeigt sich uns dank unserer Wechselwirkung mit ihr. Die Welt wird nicht im Gehirn oder durch das Gehirn geschaffen. Sie ist für uns da, und wir haben Zugang zu ihr. Die Ausrichtung meiner Gedanken auf eine Aufgabe (wie das Schachspiel) oder einen Gegenstand (wie ein Glas Wasser) liegt nicht in der intrinsischen Natur einer Rechenleistung in meinem Inneren." (Noë 2009, S. 188) Diesen Realismus hat jüngst der Erkenntnistheoretiker Markus Gabriel in der Debatte wieder vertreten.

So zeigt sich, dass Bewusstsein nur vom Ganzen des Menschseins erklärt werden kann, nicht umgekehrt, wie es die Neuro-Reduktionisten tun. Das und das Wissen, dass die Fragen nach Geist und Gehirn keineswegs neu sind, lehrt schon der Blick in den Klassiker „The Concept of Mind" von 1949. Der Oxford-Philosoph Gilbert Ryle spießte den Furor neuer Paradigmen auf, in seiner Zeit der Physik: „Jedesmal, wenn eine neue Wissenschaft ihre ersten großen Erfolge erzielt, bilden sich ihre enthusiastischen Altardiener ein, alle Probleme seien nun dadurch zu lösen, dass man die Methoden zur Lösung ihrer Probleme auf alle Probleme anwendet. (…) Physiker könnten eines Tages alle physikalischen Fragen beantwortet haben, aber nicht alle Fragen sind physikalische Fragen." (Ryle 1969, S. 97 f.) Aber nicht alle Fragen sind neurobiologische oder informationswissenschaftliche Fragen, lässt sich heute ergänzen.

Ulrich Hemel fasst das große Thema so zusammen: „Bis heute haben Maschinen kein Selbstbewusstsein, sie rechnen. Der Mensch aber geht in Berechnungen nicht auf. Er hat Emotionen, lebt und erlebt mit allen Sinnen. Maschinen werden Menschen auch in Zukunft nicht ersetzen, dafür sind Menschen zu vielseitig. Wir haben unsere eigene Perspektive und können anerkennen, dass unser Gegenüber auch eine spezielle Sichtweise hat. Wir haben unsere eigene Lebensgeschichte mit ihren Widersprüchen und sehr persönlichen Erinnerungen, aber wir haben auch selbstbestimmte Ziele." (Hemel 2020b).

3.4   Ja zum Ja – Willen und Freiheit sind keine Illusion

Sind die für unsere Gesellschaft, Demokratie und Rechtsstaatlichkeit zentralen Begriffe Willen, Freiheit, Verantwortung nur eine Selbsttäuschung, ein schönes Theaterstück der Gehirn-Bühne, und die Regie führen die Neuronen? So stellen es führende Neurowissenschaftler wie Wolf Singer oder Gerhard Roth dar. Doch bei allen ihren Verdiensten für die Hirnforschung: Korrelate sind keine Kausalitäten. Dass bei bestimmten Denkvorgängen bestimmte Hirnareale aktiv sind und dass bei bestimmten Emotionen bestimmte chemische Prozesse ablaufen, ist kein Argument für den behaupteten Determinismus. Der Neurowissenschaftler Detlef B. Linke erklärt: Zwar entscheide das Gehirn, bevor der Gedanke bewusst werde. Aber das gelte keineswegs für alle Vorgänge des Denkens, vor allem nicht für Abwägungs- und Reflexionsprozesse, die langfristigen Lebensentscheidungen und begründetem Handeln vorangehen. „Insofern reichen die in der Debatte um Freiheit und Gehirn angeführten Experimente kaum an einen starken Freiheitsbegriff heran." (Linke 2005, S. 12).

Auch Techno-Pioniere und -propheten setzen die menschliche und maschinelle Intelligenz gleich. Ihr Fehler: Sie gehen von einem in der Geistesgeschichte schon aus dem 19. Jahrhundert bekannten beschränkten Menschenbild aus, das die Philosophie Naturalismus und Materialismus nennt. Sie verwechseln körperliche Voraussetzungen des Denkens und Wollens mit diesem selbst. Hirnvorgänge lassen sich mittels bildgebender Verfahren sichtbar machen, „aber nicht das Denken", sagt der Erkenntnistheoretiker Markus Gabriel in seinem Buch mit dem programmatischen Titel „Ich ist nicht Gehirn" (2015, S. 20). Er stellt klar: „Wissenschaftlicher und technologischer Fortschritt sind zu begrüßen" (2015, S. 34). Aber ihre Vertreter sollten sich vor unwissenschaftlicher Hybris hüten.

Gabriel und zuvor schon Peter Bieri (2003) verteidigen mit zahlreichen Argumenten das Menschenbild, zu dem Willen und Freiheit gehören. Auch die intelligenteste Maschine kann nur nach programmierten Algorithmen von Bekanntem abweichen, lernen. Sie ist nicht frei, etwas ganz anderes zu tun oder gar aufzuhören zu funktionieren. Sie kann die Wenn-dann-Ketten nicht sprengen. Die Programmierer und nicht die von ihnen geschaffenen Algorithmen haben einen Willen. Menschen wünschen sich und wollen etwas und setzen (sich) Ziele, sie haben Ehrgeiz und Motivationen. Menschen handeln, sie verhalten sich nicht bloß. Sie sind eigenwillig und eigensinnig (Bieri 2003, S. 429 f.). Sie streben nach Sinn und lassen sich davon leiten.

3.5   Aufs Ganze kommt es an – Von Daten zur Weisheit

Durch die Vernetzung verschiedener IT-Systeme fallen umfassende Datenströme an, die für unterschiedlichste Auswertungen zusammengeführt und ökonomisch genutzt werden können. Die intelligente Nutzung diese Daten wird meist mit den Begriffen Big Data, Smart Data oder Data Mining verbunden (Terstegen 2019, S. 9). Dabei wird in der Informationswirtschaft zwischen den Begriffen Daten, Information und Wissen unterschieden. Unter Weisheit wird darüber hinaus die Anwendung von Wissen auf eine Problemlösung verstanden (vgl. Wierse und Riedel 2017). Grundlage sind Wissen und Erfahrungen. Weisheit bezeichnet die individuelle und gemeinsame Fähigkeit, Wahrheit und Zusammenhänge zu erkennen sowie bei Problemen, Herausforderungen und Aufgabenstellungen richtig zu urteilen und zu handeln. Weisheit ist mehr als die Summe der Informationen und ihre komplexe Vernetzung, auch mehr als eine umfassende Kasuistik von Wenn-dann-Regeln für Entscheidungen. Zur Weisheit gehören Bildung und Urteilskraft, Lebenserfahrung und entwickelte Intuition, das nicht allein kognitive Erkennen vielfältiger Situationen und Zusammenhänge. Sie kann daher nicht in elektronischen Systemen digitalisiert oder automatisiert werden.

In der Literatur werden die Begriffe Daten, Informationen und Wissen oft als ein Verhältnis aus Vernetzungsgrad und Verständnis gesehen. Als Erfinder

Abb. 3.1 Von Daten zur Weisheit durch Wachsen von Vernetzung und Verständnis (eigene Darstellung)

dieser Wissenshierarchie wird Russell Lincoln Ackoff (1970) angesehen. Nach ihm bedarf es der Steigerung von Vernetzungsgrad und Verstehen, um die nächst höhere Ebene zu erreichen. Hier soll on top, aber nicht bloß additiv die Ebene Weisheit ergänzt werden. Von ihr her verstehen sich Daten, Informationen und Wissen. Nachfolgende Abbildung veranschaulicht diese Hierarchie: (Abb. 3.1)

Die bloße Existenz von Daten bedeutet also keine Prozessverbesserung oder Innovation. Erst Menschen sind in der Lage, Daten mit Hilfe von Rechnersystemen und Algorithmen für unterschiedlichste Auswertungen als Informationen und Wissen zusammenzuführen und dann weise zu nutzen. „Normalerweise bin ich der futurischste unter den Futuristen", schreibt der Programmierer und Pionier Jaron Lanier, aber: „Ein Futurismus, der von einem völligen Bruch mit der Vergangenheit ausgeht – einer Singularität oder einer Machtübernahme durch KI – ist nicht real." (Lanier 2018, S. 440) Der Humanist schreibt weiter: „Unser Schicksal hängt von menschlichen Eigenschaften ab, die bisher noch nicht wissenschaftlich definiert wurden, wie zum Beispiel dem gesunden Menschenverstand, Freundlichkeit, rationalem Denken und Kreativität. KI-Phantasten rechnen jede Minute damit, dass wir Weisheit automatisieren können. Aber können wir uns wenigstens darauf einigen, dass unsere Systeme sich diese anderen Eigenschaften bisher nur zunutze machen, sie aber noch nicht generieren können." (2018, S. 441).

Handeln – Menschen führen in einer digitalen Welt

4

„Technology does not free us of the need for leadership, it makes leadership even more important."

Kofi Annan, ehemaliger UN-Generalsekretär

4.1 Auf die Steuerungstaste – Künftige Informatik nutzen

„Die digitale Zukunft ist nicht aufzuhalten, aber der Mensch und seine Menschlichkeit sollte obenan stehen", so Shonana Zuboff (2018, S. 596): „Wir stehen am Beginn dieser Geschichte, nicht am Ende. […] die Zügel in die Hand zu nehmen und das Geschehen in Richtung einer menschlichen Zukunft zu lenken, die wir alle als Zuhause bezeichnen können." Die im zweiten Kapitel beschriebenen Entwicklungen drängen die Menschen in eine passive Rolle. Ihnen geschieht etwas. Sie und ihre Welt werden transformiert. Ein Ach und Weh tönt auch aus vielen Ecken. Doch hilft alles nichts: Gefahren müssen im Blick sein – um sie zu vermeiden. Bedenken sollten bedacht werden – aber nicht tragend sein. Aktives Gegensteuern ist nötig. Die Zukunft kann – so floskelhaft es klingen mag – gestaltet werden. Das bedeutet Leadership. Einzelne Menschen, Gruppen, Unternehmen, Gesellschaften, Staaten, ja die Weltgemeinschaft müssen handeln, pragmatisch und strategisch zugleich Verantwortung übernehmen. Das reicht vom privaten Umgang mit Digitalem über Arbeitsbedingungen bis zu Gesetzen und internationalen Abkommen.

Techniken entwickeln eine Eigendynamik. Diese kann dem Menschen schnell über den Kopf wachsen, wie Johann Wolfgang von Goethe in der Ballade „Der Zauberlehrling" veranschaulicht hat. Kehrseiten und Gefahren gehören stets zum Fortschritt. Oft wirken sie so übermächtig, dass sie objektiv erscheinen, gegeben

D. Eberspächer-Roth und G. Stegert, *Leadership für Zuversicht 4.0*, essentials, https://doi.org/10.1007/978-3-658-34989-9_4

und fern der Änderbarkeit durch Subjekte. Doch das ist ein trügerischer Eindruck. Denn es war, ist und bleibt bei dem Grundsatz: Menschen programmieren Algorithmen.

Kaum einer weiß das besser als Jaron Lanier. Der Pionier und Prophet der Virtuellen Realität kennt die Licht- und Schattenseiten der mit KI verbundenen Techniken. In seinem Buch „Gadget. Warum die Zukunft uns noch braucht" zeigt er beispielsweise, wie einfache Benutzeroberflächen Weltbilder prägen, wie ein einst zufällig gefundener Musikstandard (MIDI) mittlerweile das menschliche Hören bestimmt, wie soziale Netzwerke Personen und Gesellschaften verändern und wie gnadenlose Öffentlichkeit und Gedächtnis des Internets das menschliche Verhalten aus Furcht vor Folgen einengen. Lanier schreibt: „Computer können unsere Ideen aufnehmen und sie uns dann in rigiderer Form vorhalten. Sie zwingen uns, mit dieser Rigidität zu leben, sofern wir nicht mit viel Kraft dagegen angehen." (2010, S. 177) Der Programmierer spricht vom digitalen oder kybernetischen Totalitarismus (2010, S. 197) und fordert auf, sich von der Sklaverei der Befehlsketten zu befreien. Lanier ist kein Maschinenstürmer, sondern gilt als Cyberguru und Erfinder des Begriffs der Virtuellen Realität, war Web-Unternehmer, programmiert weiterhin (etwa Software für Chirurgen) und lehrt an mehreren namhaften US-Universitäten. Er setzt auf Kreativität neuer Programme, auf einen humanistischen Umgang, auf Sinn und Bedeutung (vgl. 2010, S. 247).

Die Steuerung der KI entwickelt sich noch. Zu erkennen sind vielfältige Ansätze, die sich teilweise überschneiden und ergänzen. So hat die Enquete-Kommission „Künstliche Intelligenz – Gesellschaftliche Verantwortung und wirtschaftliche, soziale und ökologische Potenziale" für den Bundestag den staatlichen Handlungsbedarf auf nationaler, europäischer und internationaler Ebene identifiziert (2020). Juristen denken über die Ausweitung des Grundrechts auf informationelle Selbstbestimmung nach (vgl. von Schirach 2021). In eine ähnliche Richtung zielen Forderungen nach Transparenz und Offenlegung von Algorithmen, um Manipulationen und Diskriminierungen zu vermeiden, wo Software zum Beispiel über die Kreditvergabe entscheidet oder die Vorauswahl von Stellenbewerbern trifft. Für Aufklärung sorgen auch institutionelle Dialogformate wie das 2019 eingerichtete Public Advisory Board der baden-württembergischen Cyber-Valley-Initiative mit Sitz vor allem in Tübingen. Die Tübinger Informatik-Professorin Ulrike von Luxburg plädierte im Februar 2020 für ein Bundesamt für KI, das etwa Risikoklassen bestimmen könnte. Prof. Ulrich Hemel, Direktor des Weltethos-Instituts Tübingen, fordert außerdem einen Internationalen Digitalgerichtshof und einen Digitalwaffensperrvertrag (vgl. Hemel 2020b). Staaten, Forscher oder Unternehmen erklären in Selbstverpflichtungen, auf militärische Entwicklungen und Nutzungen der KI zu verzichten. Eine marktwirtschaftliche

Lösung ist die Bepreisung von Daten. Demnach müssen Internetkonzerne für den wichtigsten Rohstoff des 21. Jahrhunderts die einzelnen Menschen bezahlen. Lanier (2014) etwa schwebt ein System von Mikrozahlungen vor. Hemel wünscht sich eine „Verwertungsgesellschaft Daten" (2020b).

Doch kommen all diese Bemühungen nicht zu spät? Einige Hinweise können zunächst perspektivisch helfen, sich dem Ohnmachtsgefühl zu entziehen und zu einem zuversichtlichen Umgang zu kommen:

Technische Perspektive: Die Wolke (Cloud) hat einen Körper. Leistungsfähige Mikroelektronik ist Schlüssel für eine digitale Zukunft. Die Halbleiterindustrie integriert immer mehr Funktionalität auf den Chip und ermöglicht eine weiter steigende Informationsdichte. Damit ist ein Chip sozusagen die DNA der Digitalisierung mit Big Data und künstlicher Intelligenz (vgl. Kagermann et al. 2013). KI wird auch als Abkürzung für die sogenannte „künftige Informatik" verwendet.

Kritische Perspektive: Die Verabsolutierung des Gegenwärtigen dient meistens auch den Mächtigen zur Verschleierung ihrer Interessen und Strategien. Und Kritiker machen dabei oft unbewusst mit. Denn wenn die KI selbst gefährlich ist, dann können es ja nicht die sie beherrschenden Männer, Konzerne oder Staaten sein. Das heißt umgekehrt positiv: Eine gute, dem Menschen dienliche Verwendung der KI ist möglich und beginnt oft mit der Kritik des Gegenwärtigen.

Historische Perspektive: So faszinierend und manchmal flirrend neu die technologischen und gesellschaftlichen Entwicklungen sind, so urvertraut sind viele Muster. Die Geschichte der Menschheit ist auch eine der Innovationen, die (r)evolutionäre Folgen hatten. Schon immer haben neue Werkzeuge, Techniken, Maschinen praktischen Nutzen gehabt, aber auch die Menschen selbst verändert – die einzelnen, die Gesellschaften und Kulturen, die Spezies selbst. Ob Feuer oder Faustkeil, Papyrus oder Buchdruck, Dampfmaschine oder Elektrizität, Eisenbahn oder Auto, Waschmaschine oder Kühlschrank, Computer oder Internet, Smartphone oder KI. Kulturpessimisten behielten meist Unrecht. Die Geschwindigkeit einer Eisenbahn beispielsweise hat Reisende nicht irregemacht. Die Medizingeschichte ist voller lebensrettender Segnungen. Kein Grund also zum Schwarzsehen, sondern zum mutigen Anpacken.

Konstruktive Perspektive: Technologischer Wandel führte stets zu Verlusten. Eisenbahnen und Autos haben Pferdekutschen verdrängt. Die Arbeitsplätze für die Herstellung dieser gingen verloren, dafür entstanden umso mehr für die Produktion jener. Das muss nicht so bleiben, ist aber ein Argument gegen Panikmacher.

Auch hatten Innovationen meist die „Amputation" von Fähigkeiten des Menschen zur Folge, wie es die Informatikerin Patti Maes formuliert, die als Erfinderin „intelligenter Agenten" im Onlinehandel gilt. Frank Schirrmacher (2009, S. 78) zitiert sie und bedauert, dass mit der Einführung von Taschenrechnern das Kopfrechnen verlernt wurde und mit dem Einsatz von Navigationsgeräten in Autos der Orientierungssinn nachgelassen hat. Man kann mit gleichem Recht aber auch von einer Erweiterung der menschlichen Fähigkeiten sprechen – wenn die Erfindungen als Werkzeuge mitgedacht werden. Ist es schlimmt, dass wir einen Nagel nicht mit der Hand oder einem Stein einschlagen müssen? Niemand muss ein Auto reparieren oder auch nur den Motor verstehen können, das Fahren genügt.

Viele Warner und Mahner, Kulturpessimisten und Schreiber von Dystopien erheben bei der KI ihre Stimme. Die kritischen Perspektiven machen deutlich, wie gravierend Veränderungen durch neue Erfindungen immer in der Geschichte der Menschheit waren. Doch wer darüber die Vorteile und Chancen ausblendet, verdreht die Gewichte. Werkzeuge und später Maschinen haben den Menschen geholfen. Das gilt selbst für das bisher wirkmächtigste Instrument. So helfen KI-gestützte Diagnosen Patienten, solange die Ärzte und Ärztinnen sich nicht den Befund und die Entscheidungen abnehmen lassen. So können Mensch-Maschine-Schnittstellen im weiten Bereich der Prothetik die Einschränkungen kranker Menschen verringern. So können Überwachungssysteme positiv eingesetzt werden, von der Qualitätskontrolle bei automatisierten Produktionsprozessen über den Artenschutz bis zum Blick auf Hochbetagte, die mit dieser Hilfe länger im vertrauten häuslichen Umfeld leben können als ohne. So können virtuelle Modelle von Lebewesen Tierversuche ersetzen und im 3D-Drucker hergestellte Organe angehende Chirurgen beim Üben helfen, zum Nutzen ihrer künftigen Patienten.

4.2   Weder Optimist noch Pessimist – Zuversicht handelt

Optimismus klingt nach Zwang und Schweiß, nach Druck zur inneren „Denk positiv"-Leistung. Eine der Zukunft zugewandte Haltung lässt sich aber nicht anordnen, noch nicht einmal herbeiwünschen. Sie kommt nicht von außen, sondern von innen. Zuversicht entsteht und wächst. Wie Freude. Auf den Punkt gebracht hat dies Ulrich Schnabel (2018, S. 16), der sein Buch zum Thema so einleitet: „Dabei geht es nicht um die naive Hoffnung, dass am Ende irgendwie alles gut werde; dieses Buch ist auch kein Ratgeber im positiven Denken oder eine Empfehlung zum unbeirrten Optimismus, demzufolge es keine Krisen und niemals leere Gläser gibt, sondern immer nur Chancen und halb volle Gläser.

Diese Art von stählernem Optimismus ist mancherorts – wie etwa in den USA – ja schon fast zur Staatsideologie erhoben. Dabei trübt der ständige Blick durch die rosarote Brille die Sicht eher, als sie zu schärfen. Gerade wenn echte Katastrophen drohen, ist diese Haltung wenig hilfreich und oft sogar kontraproduktiv."

Schnabel veranschaulicht die Unterschiede mithilfe der auf drei Frösche ausgeweiteten Fabel von Äsop. Sie sind in einen Topf Milch gefallen. Der Pessimist gibt sich auf und ertrinkt. „Der Optimist hingegen gibt sich unerschütterlich:‚Keine Sorge, nichts ist verloren. Am Ende wird Gott uns retten.‘ Er wartet und wartet und ertrinkt schließlich ebenso sang- und klanglos wie der Erste. Der dritte, zuversichtliche Frosch hingegen sagt sich:‚Schwierige Lage, da bleibt mir nichts anderes übrig, als zu strampeln.‘ Er reckt also den Kopf über die Milchoberfläche und strampelt und strampelt – bis die Milch zu Butter wird und er sich mit einem Sprung aus dem Topf retten kann. Zuversicht heißt also nicht, illusionäre Hoffnungen zu hegen, sondern einen klaren Blick für den Ernst der Lage zu behalten; zugleich heißt Zuversicht aber auch, sich nicht lähmen zu lassen, sondern die Spielräume zu nutzen, die sich auftun – und seien sie noch so klein." (2018, S. 16) Oder in einem anderen Bild: Ein Marathonläufer, der am Erreichen des Ziels zweifelt, wird dieses nie erreichen. Er muss nur einfach laufen. Zuversicht spornt an, macht stark, schüttet Endorphine aus.

Die Grundlagen für die Entwicklung menschlicher Zuversicht haben unter anderem zwei der bedeutendsten Psychologen des 20. Jahrhunderts gelegt: Alfred Adler und Viktor Frankl. Sie interessierten sich dafür, was ein Mensch braucht, um sich geistig gesund zu entwickeln und zu einem mündigen, intrinsisch motivierten und zuversichtlichen Menschen zu werden. Sinn, lautete ihre Antwort. Auf dieser Grundlage haben weitere bekannte Autoren wie Stephen Covey oder Daniel Pink wesentliche Leadership-Konzepte beschrieben. Aufbauend auf dem in Kap. 3 geschilderten Menschenbild bieten sie den psychologischen Rahmen für den folgenden evolutionären Denkansatz.

4.3   Vier Handlungsfelder – Leadership in einem sozio-technischen System

Welchen Unterschied macht nun Leadership für die menschliche Zuversicht in einer digitalen Welt aus? Wie erfolgt das ermutigende Gestalten der digitalen Welt für Menschen im praktischen Handeln? Ähnlich wie Strampeln im Sahnetopf, doch geht es bei Leadership darum, andere mitzunehmen.

In Anlehnung an die Erkenntnisse von Frederick Edmund Emery und Eric Lansdown Trist (1969) bedeutet Leadership in einer digitalen Welt eine Gestaltungsaufgabe in einem soziotechnischen System – und eben nicht einfach ein technisches System mit ersetzbaren Individuen. Dabei werden Beziehungen und Wechselwirkungen zwischen sozialen und technischen Systemen relevant. In diesem Rahmen fokussiert der evolutionäre Denkansatz von Leadership für menschliche Zuversicht auf vier wesentliche Handlungsfelder. Er beginnt im persönlichen Bereich mit der Förderung des Selbstwerts des einzelnen Menschen, geht weiter über die Entwicklung der digitalen Kompetenz und Mündigkeit, bis hin zu einer öffentlich wahrnehmbaren innovativen Kundenorientierung und Verantwortungsübernahme und ermutigt darüber hinaus zu gesellschaftlichem Engagement (siehe Abb. 4.1).

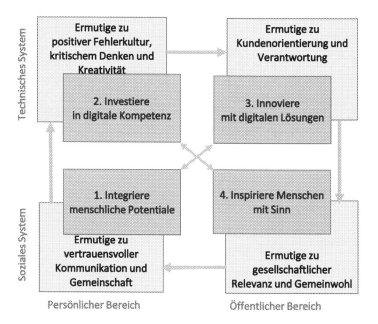

Abb. 4.1 Leadership für menschliche Zuversicht im sozio-technischen System einer digitalen Welt. (eigene Darstellung)

Erläuterung der vier Handlungsfelder von Leadership für Zuversicht im sozio-technischen System

Handlungsfeld 1: Der persönliche Bereich im sozialen System.

Menschliche Zuversicht in einer digitalen Welt beginnt in einem geschützten persönlichen Bereich in einem sozialen System. Inmitten einer VUCA-Welt bietet dieses Handlungsfeld den Rahmen für die Beziehung des einzelnen Menschen zu sich selbst und seine Entwicklung aus der Beziehung zu anderen. Leadership integriert menschliche Potentiale durch vertrauensvolle Kommunikation und Gemeinschaft. Die menschliche Zuversicht wird gestärkt, indem Verantwortliche auf der Basis eines positiven Menschenbildes nach Kap. 3 menschliche Identität respektieren, Originalität wertschätzen, Fähigkeiten vernetzen, Diversität integrieren, Vertrauen schenken, Wahrhaftigkeit anstreben und einen vertrauensvollen Dialog auf Augenhöhe pflegen. Leadership steuert die Integration einzelner Menschen in diese Gemeinschaft, indem nach Abschn. 5.1 Fähigkeiten und Potentiale sichtbar werden und der menschliche Selbstwert durch Zuwendung steigt. Statt Hierarchien entwickelt sich ein verständnisvolles Miteinander, das einzelne ermutigt, die eigenen Fähigkeiten zu entfalten.

Handlungsfeld 2: Der persönliche Bereich im technischen System.

Menschliche Zuversicht in einer digitalen Welt entwickelt sich weiter in einem geschützten persönlichen Bereich in einem technischen System. Dieses Handlungsfeld bietet den Rahmen für die Gestaltung der Beziehung des Menschen zur digitalen Technik. Leadership investiert in digitale Kompetenz auf der Basis von positiver Fehlerkultur und kritischem Denken. Die menschliche Zuversicht wird gestärkt, indem nach Abschn. 5.2 der digitale Durchblick ermöglicht, ein erfahrungsbasierter Lernprozess gestaltet, zu kritischem Denken ermutigt, lebenslanges Lernen unterstützt und so Mündigkeit in der Entscheidungsfindung bewirkt wird. Statt Kontrolle entsteht aus digitaler Kompetenz das Bewusstsein für menschliche Selbstwirksamkeit in einer digitalen Welt.

Handlungsfeld 3: Der öffentliche Bereich im technischen System.

Menschliche Zuversicht in einer digitalen Welt fördert die eigenverantwortliche Nutzung von digitaler Technik im öffentlichen Bereich eines technischen Systems. Dieses Handlungsfeld bietet den Rahmen für die produktive Zusammenarbeit von Menschen in einem professionellen digitalen Umfeld. Leadership innoviert mit digitalen Lösungen und ermutigt zu Kundenorientierung und Verantwortungsübernahme, um digitale Technik professionell und erfolgreich einzusetzen. Menschliche Zuversicht wird gestärkt, indem Leadership nach Abschn. 5.3 Marktpotentiale

aufzeigt, Kundenorientierung als Treiber von Innovationen erkennt, flache Hierarchien und dezentrales Arbeiten gestaltet, Transparenz steigert, Agilität und
Anpassungsfähigkeit ermöglicht, effiziente Informations- und Kommunikations-
ysteme koordiniert, Entscheidungskompetenz moderiert und letztendlich digitale
Komplexität zugunsten menschlicher Dynamik reduziert. Kurz: von Vorschriften
zu Verantwortung.

Handlungsfeld 4: Der öffentliche Bereich im sozialen System.
Menschliche Zuversicht in einer digitalen Welt bewirkt schlussendlich einen sinnvollen Umgang mit digitaler Technik im öffentlichen Bereich eines sozialen
Systems. Dieses Handlungsfeld bietet den Rahmen für sinnvolles Handeln in dem
gesellschaftlichen Kontext einer VUCA-Welt. Leadership inspiriert mit Sinn für
gesellschaftliche Relevanz und Gemeinwohl und ermutigt Menschen zu einem
sinnvollen und zweckdienlichen Einsatz von digitaler Technik. Die menschliche
Zuversicht wird durch Leadership in diesem Handlungsfeld gestärkt, indem sie
nach Abschn. 5.4 auf Ruhe zum Denken achtet, Beschleunigung bewusst reduziert,
zu Hilfsbereitschaft ermutigt, menschliche Freiheit achtet, den Zweck und Sinn
(auch von digitaler Technik) in einem größeren Ganzen sieht und zur menschlichen
Lebendigkeit in einer digitalen Welt aufruft. Der Weg von geplantem Profit zur
Ausrichtung am sinnvollen Ganzen bedeutet die höchste Form von Selbstbewusstsein aus menschlicher Gestaltungsfreiheit. Aus diesem 4. Handlungsfeld entwickelt
sich im Rahmen eines evolutionären Denkansatzes wiederum der Übergang zum 1.
Handlungsfeld, für die Entwicklung einzelner Menschen in ihrem Selbstwert.

Menschliche Zuversicht – ein evolutionärer Denkansatz

5

5.1 Integrieren von menschlichen Potentialen

„Leadership today, is about unlearning management and relearning being human."

Javier Pladevall, CEO Volkswagen Audi Retail in Spain

In der digitalen Welt ist das menschliche Ich ein Bündel von Merkmalen, von Interessen, Wünschen, Vorlieben, das ein Internetkonzern aus der Datenspur konstruiert hat. In Unternehmen ist der einzelne oft nicht mehr als die Summe seines Wissens und seiner Fähigkeiten, manchmal nur die abhakbare Teilmenge der Skills, die ein Stellenprofil definieren. Management perfektioniert das Funktionieren der Rädchen wie ein Ingenieur eine Maschine oder ein Programmierer eine KI-Anwendung entwickelt oder optimiert. Der Mensch aber ist, wie in Abschn. 3.1 skizziert, keine Maschine, ist ein Subjekt und kein Objekt, ein Ich und kein Es.

Leadership für menschliche Zuversicht nimmt diese anthropologischen Erkenntnisse ernst und lebt sie in der Praxis. Das heißt, dass schon im Bewerbungsgespräch nicht nur eine Liste von Qualifikationen gecheckt, sondern der ganze Mensch betrachtet wird. „Jeder Mensch ist einzigartig begabt", hat wissenschaftlich bereits Arthur F. Miller (1977) festgestellt. Durch seine Forschungen erkannte er, dass jeder von untersuchten 6000 Personen mindestens zehn unterschiedliche Fähigkeiten besaß. Und diese sind nur die Grundlage für die weitere

---

Die Originalversion dieses Kapitels wurde revidiert. Ein Erratum ist verfügbar unter https://doi.org/10.1007/978-3-658-34989-9_7

Kompetenzentwicklung. Die Persönlichkeit und ihre Potentiale für noch mehr zu identifizieren, sie zu integrieren und den besten (Arbeits-)Platz für sie zu finden, ist Kern von Leadership im ersten Handlungsfeld. Als Indivduum anerkanntes Teil einer menschlichen Gemeinschaft zu sein, erfordert dann gerade nicht die gnadenlose Transparenz einer digitalen Welt.

Zu den Kompetenzen gehören die sozialen und emotionalen. Sie sind viel reicher als es ein Wort wie „Teamfähigkeit" ausdrückt. Sie sind desto bedeutsamer, je heterogener eine Belegschaft und der Kundenkreis sind. Und sie erhalten an Gewicht, je mehr Technik nicht nur Arbeitsmittel und Produkt ist, sondern die Kommunikation am Arbeitsplatz prägt. Odo Marquard (zitiert von Koziol 2020, S. 86), sagt: „Sei das, was nur du sein kannst, und lass auch die anderen sein, was nur sie sein können." Wer so Anerkennung spürt, gewinnt von allein und in diesem Sinne evolutionär Zuversicht und lässt sich nicht lähmen durch die Angst vor einer ungewissen Zukunft, etwa davor, durch KI verdrängt zu werden oder bei der Transformation zu den Verlierern zu gehören.

Leadership für menschliche Zuversicht sieht die Heterogenität von Menschen als weiteres Potential. Wobei Diversität nicht automatisch Vorteile bringt, sie kann auch zu Reibungsverlusten, Missverständnissen und Fehlern führen. Umso mehr ist Leadership gefordert, menschliche Fähigkeiten zu identifizieren, zu vernetzen und zu integrieren. Sie gestaltet damit die Basis für Zusammenhalt und Gemeinschaft. Wesentliche Faktoren dafür sind Verständnis und vertrauensvolle Kommunikation. Sie sind wie Humus, aus dem das Miteinander wachsen kann.

Eine soziale Einheit – ob Familie, Gruppe mit gemeinsamen Interessen oder Belegschaft – ist so etwas wie ein Ökosystem. Vertrauen ist dabei wie saubere Luft zum Atmen und Kommunikation wie Wasser, ohne das kein Leben existieren kann. Vertrauen kann man nicht programmieren oder anordnen, jedoch sich dafür bewusst entscheiden und fördern durch Setzen von Rahmenbedingungen sowie durch Vorleben und Prägen entsprechender Werte und Prinzipien. „Regeln schaffen kein Vertrauen, Menschen schaffen Vertrauen." (Lotter 2014, S. 44) Je größer das Vertrauen im Miteinander, desto besser auch die Kommunikation – und umgekehrt. Wer Vertrauen zum zentralen Führungsprinzip erklärt, wird Macht teilen und auf Kontrolle verzichten. So wie früher die offene Bürotür ist in einer digitalen Welt die unternehmensweite Einsicht in das Termin- und Aufgabenmanagement ein neues Symbol für eine Kultur der Offenheit und des gegenseitigen Vertrauens.

In einem Klima des Vertrauens werden persönliche Erfolge und Grenzen offen angesprochen, und es entsteht Raum für Vorschläge und Kreativität. Vertrauensvolle Kommunikation steigert das gemeinsame Verständnis zugunsten von Zuversicht in einer Gemeinschaft. Weil damit die Reduktion von wirtschaftlichem

Risiko sowie der Aufbau von Stabilität einhergeht und schnelles flexibles Handeln
ermöglicht wird, gilt Vertrauen auch als „eine unterschätzte ökonomische Macht"
(Covey 2018, Titel).

Doch wie entsteht Vertrauen in einer Gemeinschaft? Mit dem Titel „Beginn with trust" beschreiben Frances Frei und Anne Morriss (2020) menschliche
Authentizität, Verlässlichkeit und Empathie als Treiber für ein vertrauensvolles
Miteinander. Authentizität bedeutet, dass Menschen als ehrlich und menschlich
wahrgenommen werden. Zwar besteht das Risiko der Verletzung, dafür wird die
Energie der Selbstdarstellung und des Konkurrenzkampfes gespart. Glaubwürdigkeit entsteht. Ausschlaggebend ist der Wille zur Wahrheit, „Wahrhaftigkeit"
genannt, als Grundlage von erfolgreicher Kommunikation und Verständnis (vgl.
Grimm 2020, S. 62). Dies gilt für Leadership umso mehr oder auch gerade trotz
des Wissens, dass keine zwei Menschen eine Situation auf die genau gleiche
Weise interpretieren (vgl. Higgins und Pittman 2008). Authentische Beziehungen sind aufrichtig und offen, Kritik wird angesprochen, ohne dass Nachteile
entstehen, Dialogformate und Feedback existieren nicht bloß pro forma, Fehler
werden als Quelle des Lernens und der Verbesserung gesehen, Entscheidungen
sind klar und nachvollziehbar. Empathie und menschliche Wärme entsteht darüber hinaus, wenn Menschen sich gegenseitig zeigen, dass ihnen das Wohlergehen
des anderen wichtig ist. Dazu gehören grundlegende Umgangsformen wie ein
einfaches Bitte oder Danke, aber auch Sprachhandlungen wie Vergeben und Ver-
zeihen. Selbst darin zeigt sich, dass Kommunikation mehr ist als das Übermitteln
von Informationen (vgl. Abschn. 3.2). Leadership-Elemente für Emphatie sind:
wertschätzende Kommunikation und Konfliktlösung, aktives Interesse an Anliegen, Wünschen und Ideen anderer, Zuhören und Fragen, Emotionalität und frische
Gedanken zulassen.

Alejandra Martínez Boluda, Geschäftsführerin der Business Innovation Con-
sulting Group, 1999 gegründet als Spin-off des Fraunhofer-Instituts für Arbeits-
wirtschaft und Organisation (IAO), setzt auf die Werte und Prinzipien der Agilität:
„Übermäßige Kontrolle ist nicht mehr sinnvoll" (zitiert nach Daum 2020).
An die Stelle treten „Resilienz, Flexibilität, Selbstorganisation, die Abschaf-
fung von bürokratischen, innerarchitektonischen und sozialen Hürden, Vertrauen
und Empathie mit einer klaren Verteilung der Autorität". Normen, Werte und
Überzeugungen bilden dabei den kaum sichtbaren Rahmen für menschliche
Zusammenarbeit und kompensieren sogar bürokratische Vorschriften und digi-
tale Hierarchien, ähnlich einem geschützten Raum mitten in der digitalen Welt.
So wird die menschliche Originalität der einzelnen mit ihren jeweiligen Wis-
sensschätzen, persönlichen Erfahrungen und Perspektiven zu einer wesentlichen
Grundlage für die evolutionäre Entwicklung von Zuversicht. Die VUCA-Welt

(Abschn. 1.3) wird durch Leadership neu buchstabiert als Vision, Understanding (Verstehen), Clarity (Klarheit), Agility (flexible Anpassung, Beweglichkeit).

5.2   Investieren in digitale Kompetenz und Meisterschaft

„Die Herausforderung heute ist nicht, zweitklassige Roboter auszubilden, sondern erstklassige Menschen."

Andreas Schleicher, Direktor für Bildung der OECD

Spaß und innere Motivation entstehen beim Rätsel knacken, Muster erkennen und plötzlich den digitalen Durchblick haben. Wenn das Bedürfnis nach Kompetenz befriedigt wird, wächst die Motivation für weitere Leistungen. Diese frühe, grundlegende Theorie über Spaß, innere Motivation und Kreativität basiert auf einem Konzept des deutschen Informatikers und KI-Forschers Jürgen Schmidhuber (Braendle 2020). Demnach entsteht Spaß aus einem inneren Belohnungssystem. Dieses werde vor allem angeregt, wenn neue, überraschende Muster entdeckt und erlernt werden können, die eine bessere Orientierung oder Bewertung von Alltagssituationen ermöglichen. Schon Kinder freuen sich, etwas zu entdecken, zu versuchen und zu können. Das menschliche Kompetenzbedürfnis hat Robert White (1959) erstmalig beschrieben, wonach Menschen über die biologischen und zwischenmenschlichen Bedürfnisse hinaus nach der Beherrschung ihrer Umgebung streben. Ähnliche Konzepte der Leistungsmotivation und Selbstverwirklichung, auch Selbstwirksamkeit genannt, nehmen seither in der psychologischen Literatur einen wichtigen Platz ein. Das Gefühl, etwas verstanden zu haben, Zusammenhänge zu erkennen, schüttet zudem biologisch betrachtet im menschlichen Gehirn Dopamine aus, die für Wohlgefühl sorgen und dazu beitragen, Lernerlebnisse im Langzeitgedächtnis zu verankern. Hirnfreundliche Lernaktivitäten lassen Lernen mühelos erscheinen, denn das Streben nach Kompetenz und Gruppenengagement wirken als Verstärker. Lernen ist Vorfreude auf Können.

In einer digitalen Welt wird das Beherrschen neuer Software-Tools ebenso erwartet wie das Erlernen der entsprechenden sozialen Fähigkeiten einer Netiquette. Insbesondere während der Corona-Pandemie wurde quasi in einem Laborversuch die Lernfähigkeit, Flexibilität und Resilienz der Menschen auf die Probe gestellt – ein brachialer Lernprozess über Nacht unter veränderten Bedingungen nahm seinen Lauf in vier Stadien: Nach einer unbewussten Inkompetenz im Gebrauch von Konferenztools kam mit den ersten Videokonferenzen der Schock und damit eine bewusste Inkompetenz aus öffentlichen Peinlichkeiten oder Lachern, meist mit der Folge eines entsprechenden Ansporns dazuzulernen.

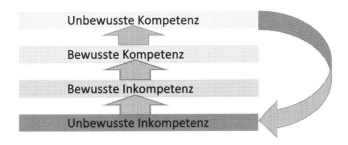

Abb. 5.1 Vier Stufen der Kompetenzentwicklung (eigene Darstellung, vgl. Oerter und Montada 2002)

Durch Übung enstand schnell eine bewusste Kompetenz bis zum heutigen unbewussten Selbstverständnis der Teilnahme an virtuellen Konferenzen oder gar die Moderation dieser Konferenzen (vgl. Abb. 5.1).

An diesem Beispiel wird deutlich, dass Kompetenz erheblich weiter zu verstehen ist als pure Qualifikation, die sich auf definierte berufliche Fertigkeiten, Kenntnisse und Fähigkeiten bezieht (vgl. Nerdinger 2019 et al., S. 512). Zunächst erfordert sie ein grundlegendes Verständnis für den Sinn von Texten oder die korrekte Deutung von Zahlenwerten, bis hin zu einer angemessenen Interpretation von naturwissenschaftlichen Sachverhalten, um nicht „wehrlos" der Fülle digitaler Informationen gegenüberzustehen. Digitale Kompetenzen schließen gerade auch fach- und berufsübergreifende sowie persönlichkeitsnahe Leistungsvoraussetzungen mit ein, die Menschen für Aufgaben befähigen, für sie sie noch keine fertigen und direkt abrufbaren Handlungsprogramme und Wissensbausteine besitzen. Das sind neben fachlich-funktionalen auch soziale, motivationale, volitionale und emotionale Aspekte. Digitale Kompetenz wird in einem ganzeitlichen und integrativen Sinne verstanden.

Ebenso wie Lesen, Schreiben und Rechnen ist digitale Kompetenz für ein selbstbestimmtes Leben, berufliches Wirken und für gesellschaftliche Teilhabe heute unabdingbar. Daher wird „Digitale Kompetenz" auch als Kulturtechnologie bezeichnet (Bundesministerium für Bildung und Forschung (BMBF) 2017). Der Europäische Rahmen für Digitale Kompetenz (DigCompEdu) umfasst in Kurzfassung die folgenden wichtigen Lernfelder: 1. Informations- und Medienkompetenz, um Informationen und Ressourcen zu finden, zu organisieren, zu verarbeiten, zu analysieren und zu interpretieren, und die Glaubwürdigkeit und Zuverlässigkeit der Informationen und ihrer Quellen kritisch zu bewerten. 2. Digitale Kommunikation und Zusammenarbeit für die Kommunikation, Kooperation und politische Partizipation. 3. Erstellen digitaler Inhalte und in verschiedenen Formaten bearbeiten, sowie Lizenzen und Urheberrechtsbestimmungen berücksichtigen und verwenden. 4. Verantwortungsvoller Umgang mit digitalen Medien, um das physische, psychische und soziale Wohlergehen bei der Nutzung digitaler Medien zu gewährleisten, um Risiken zu bewältigen und digitale Medien sicher und verantwortungsvoll zu nutzen. 5. Digitales Problemlösen: technische Probleme identifizieren und lösen oder technisches Wissen kreativ auf neue Situationen übertragen.

Leadership für menschliche Zuversicht schöpft die Stärken des Menschen auch bei der digitalen Kompetenz aus, indem das Mehr des Bewusstseins gegenüber einer noch so guten Software (vgl. Abschn. 3.3) genutzt wird. Zentral ist das kritische Denken gerade in Bezug auf digitale Informationen (vgl. Gerrig 2018, S. 671). Dazu gehören das Stellen von Fragen und das Bewerten von Antworten, das Erkennen von Zusammenhängen, Ursachen und Wirkungen, das Einordnen und das Ziehen von Schlussfolgerungen. Ohne Hinterfragen werden keine Fehler entdeckt und keine Verbesserungsmöglichkeiten gesehen. Kritisches Denken verlässt ausgetretene Pfade, geht einen Schritt zur Seite oder weiter und ist Voraussetzung für Kreativität. Aus Kompetenz und Urteilsfähigkeit bildet sich Mündigkeit. Volker Wittpahl, Institutsleiter des Berliner Instituts für Innovation und Technik (iit), fordert entsprechend eine „digitale Aufklärung", um die selbstverschuldete digitale Unmündigkeit und Bequemlichkeit zu verlassen – mit dem Ziel, sich digitaler Daten und Anwendungen ohne Leitung eines anderen oder intelligenter Algorithmen bedienen zu können (vgl. Wittpahl 2017, S. 6). Auch Ulrich Hemel (2020a) fordert eine neue Aufklärung. Es geht um nichts weniger als die menschliche Mündigkeit und Meisterschaft, um ein digitales Umfeld im umfassenden Sinne beherrschen zu können.

Bei einer Wissens-Halbwertszeit von 1,5 Jahren für IT-Wissen (BIBB-Datenreport 2013, S. 392) bedeutet Leadership für menschliche Zuversicht auch die Ermutigung zu lebenslangem Lernen. Wichtiger als irgendwo besonders gut zu sein, ist in einer digitalen Welt inzwischen, besonders gut Neues lernen zu können. So warnt Bill Gates: „Erfolg verführt kluge Menschen dazu, zu denken, dass sie nicht verlieren können. Es ist schön, den Erfolg zu feiern, aber es ist wichtiger, die Lehren des Scheiterns zu beherzigen" (Jung 2019). Statt Unzulänglichkeiten zu rügen, wird bei einer positiven Fehlerkultur deren Entdeckung gefeiert. Fehler gelten als neue Informationen und steigern insofern das Erfahrungswissen. Diese neuen und einprägsamen Erkenntnisse helfen, dass Ideen sowie Verbesserungspotentiale nicht nur angesprochen, sondern auch angepackt werden. Positive Fehlerkultur nach dem Motto „schnell und oft scheitern, während der Müll beseitigt wird" ist damit ein datengetriebener, iterativ-praktischer Ansatz für kundenorientierte Innovation (vgl. Abschn. 5.3).

5.3 Innovieren mit Verantwortung und Kundenorientierung

„Innovation im weitesten Sinne bedeutet neue Produkte, neue Leistungsangebote, neues Führungsverhalten, neue Strukturen und Abläufe in den Unternehmen, in Staat und Verwaltung."

Hans-Jürgen Warnecke, Ingenieurwissenschaftler

Vor zehn Jahren gab es 500 Mio. über das Internet verbundene Geräte. Heute sind es 50 Billionen, und für die nächsten 10 Jahre werden eine Trillion Internet-Verbindungen prognostiziert, vor allem wenn jeder mögliche Gegenstand der Welt über das Internet of Things (IoT) informationsfähig gestaltet wird (Ismail et al. 2014). Das Internet ist zum Nervensystem der Welt geworden. Nach Moores Gesetz von 1965, benannt nach dem damaligen Intel-Chef Gordon Moore, verdoppelt sich die Geschwindigkeit von Prozessoren alle zwei Jahre. Es ist also ein Irrtum zu denken, dass wir nach 30 bis 40 Jahren der 4. industriellen Revolution den weitesten Weg dieser Entwicklung gegangen sind. Hinsichtlich der Auswirkungen auf die Menschheit nehmen wir gerade erst einen Bruchteil wahr. Nicht nur das meiste Wachstum liegt vor uns, alles ist noch offen und wird durch innovative wie auch disruptive Produkte, Prozesse und Kommunikationsflüsse verändert werden (siehe Abb. 5.2).

Innovations- und Disruptionsbereiche digitaler Technik	1. Schnell Bequem Flexibel	2. Besser oder NEU	3. Sicher oder Preiswert
A. Produkte, Service	✚	✚	✚
B. Prozesse, Produktion	✚	✚	✚
C. Information, Kommunikation	✚	✚	✚

Abb. 5.2 Innovations- und Disruptionsbereiche digitaler Technik. (vgl. Eberspächer-Roth 2019, S. 58)

Darüber hinaus werden weitere Milliarden von Menschen in den nächsten Jahren erstmalig Zugang zu der digitalen Welt und einem globalen Markt erhalten. Sie stellen einen neuen und vielfältigen Kundenkreis dar wie auch eine neue unternehmerische Klasse mit den neuesten Technologien. Millionen neuer Innovatoren beginnen zu experimentieren, werden Ideen in Realität umsetzen und neue Unternehmen gründen. Künftige Unternehmer und Unternehmerinnen sind daher nicht neue multinationale Konzerne in Übersee, es ist der einzelne Mensch in Bangalore genauso wie in Tübingen, der mit den neuesten Online-Tools Innovationen generiert, kommuniziert und prozesstechnisch über die Cloud irgendwo in der Welt produzieren lässt. Einzelpersonen werden sich deshalb zunehmend selbst als Unternehmen verwalten, inklusive Markenmanagement und Marketing- bis Vertriebsfunktionen. Diese digitale Produktivität führt heraus aus der digitalen Verbraucherfalle und gibt Menschen Zuversicht, mit dem eigenen Gestalten etwas für die Welt zu bedeuten.

Kundenwünsche und -erwartungen stehen im Mittelpunkt dieser soziotechnischen Innovationen. Die Orientierung zugunsten von Customer-Centricity erleichtert dem Kunden alles. Während technische Innovationen sich bisher entweder auf Produkte oder Prozesse bezogen haben, ist heute der strukturierte Informationsfluss selbst ein enormes Innovationspotential und bewirkt einen Mehrwert in der Leistung und Kundenorientierung, nicht nur beim Marketing, sondern auch bei Herstellprozessen und Verwaltungsarbeiten.

Digitale Technologien sind im Zentrum des produktiven und eigenverantwortlichen Arbeitens. Kundenorientierte Organisationen haben flache Hierarchien, in denen die Verantwortung näher an den Auswirkungen von Entscheidungen liegt. Sie konzentrieren sich auf die Ergebnisse und nicht auf die Prozesse (vgl. Deloitte 2014, S. 3). Dezentrales Arbeiten, wie es vor allem seit den Erfahrungen der Pandemie notwendig wurde, steigert darüber hinaus die Bedeutung digitaler Tools für professionelle kundenorientierte Zusammenarbeit. Fehlende Präsenz wird durch eine intensive Multi-Channel-Aktivität ausgeglichen. Mit den Aufgaben und Problemstellungen der Kunden verändert sich auch die Organisation, Zusammenarbeit erlebt eine ständige dynamische Veränderung. Welche Strukturen sich bilden und verschwinden, wird von den Kräften bestimmt, die auf die Organisation einwirken. Leadership in einer digitalen Welt wird daher auch als Führen von „dynamic networks" oder „fluide Organisation" bezeichet. Dabei dient nicht eine einheitliche Organisation für alle Aufgaben, sondern für jede sinnvoll abgrenzbare Aufgabe entsteht eine eigene passende Organisation. Diese Anpassungsfähigkeit stellt eine Kernkompetenz kundenorientierter Organisationen dar

(Kirchner 2012, S. 167). Problemlösungen kommen nicht vom Management, sondern von kompetenten Mitarbeitenden vor Ort. Sie übernehmen im besten Sinne Verantwortung.

Dieses selbstbestimmte Handeln entspricht der sozialen Natur des Menschen (vgl. Wilpert 1998, S. 40). Auch darin zeigt sich die Stärke des mit Willensfreiheit ausgestatteten Menschen gegenüber noch so perfekten KI-Maschinen (vgl. Abschn. 3.4). Selbstbestimmtheit statt Zwang und Kontrolle erfüllt die seit langem gestellte Forderung „nach einer Humanisierung der Arbeitswelt" (Bea und Göbel 2006, S. 207), die sich in der Vergangenheit bereits unter dem Stichwort „Empowerment" in betriebswirtschaftlichen Konzepten niedergeschlagen hat. Jeder Mensch ist ermutigt, selbst zu gestalten und sich initiativ zu betätigen, indem er Projekte startet, Kunden ausfindig macht und ein starkes Kontaktnetzwerk aufbaut.

Die Dynamik äußert sich auch in einer Flexibilisierung der Arbeitszeit oder dem Arbeitsort und dazugehörigen Metastudien (vgl. Biemann und Weckmüller 2015, S. 46). So kommt der Kompetenz eines Organisationsmitglieds in der einen Arbeitssituation eine überragende Wichtigkeit zu, während sie in einer anderen von geringer Bedeutung oder sogar belanglos ist. Die Teamzusammensetzungen verändern sich, sobald neue Perspektiven, Fachkenntnisse oder Erfahrungen unentbehrlich sind. Profitiert ein Team anfangs eher von Innovatoren, die mit Ideenreichtum und Kreativität ein Projekt starten, sind gegen Ende eines Projekts vor allem die Umsetzer für Arbeitsergebnisse gefragt (Tscheuschner und Wagner 2008, S. 20).

In diesem Kontext entspricht Leadership für menschliche Zuversicht weder einem autoritären noch einem kooperativen Führungsstil. Eher im Sinne eines Moderators steuert sie Informations- und Entscheidungsflüsse für erfolgreiche Zusammenarbeit. Sie fördert den dynamischen Prozess der Selbstorganisation menschlicher Interaktionen, indem Ziele sowie interne und externe Beziehungen erkannt und formuliert werden und indem sie durch ein effizientes Informations- und Kommunikationssystem vernetzt sind. In solchermaßen organischen Strukturen ist die Kommunikation und Koordination zwischen dezentralen Einheiten transparent und vereinfacht (vgl. Jones und Bouncken 2008, S. 869). Anpassbare Dashboards in Echtzeit mit relevanten Kennzahlen unterstützen die Eigenverantwortung der Mitarbeiter. Einzelne Informationen sind verknüpft und bilden ein „organisationales Gedächtnis", welches die Geschäftsvorfälle und ihren Kontext innerhalb der Organisation jederzeit als Entscheidungsgrundlage für einzelne Mitarbeitende transparent machen. So nutzen Daten den Menschen und nicht umgekehrt (vgl. Abschn. 2.3).

„Digitale Geschicklichkeit" wird das Markenzeichen moderner Organisationen und ermöglicht, Rollen, Verantwortungen und Beziehungen flexibel anzupassen (vgl. Soule et al. 2016). Mit dieser dynamischen Zusammenarbeit lassen sich neue Optionen schnell nutzen, wenn sich Kundenerwartungen, Marktverschiebungen oder intern gesteuerte Strategien ändern. Projekt- und Netzmanager sind die Stars der digitalen Gegenwart, sie beherrschen die sozio-technologischen Schnittstellen und machen die positiven Beiträge aller Teammitglieder, Partner und Kunden für die Erreichung von Zielen sichtbar. Auf der Basis gemeinsamer Werte und hoher Wissenskompetenz in einer vernetzten Organisation entstehen Entscheidungsspielräume. Damit wächst aus Gemeinschaft und Vertrauen (Abschn. 5.1), positiver Fehlerkultur und lebenslangem Lernen (Abschn. 5.2) sowie innovativer Kundenorientierung die menschliche Zuversicht in einer digitalen Welt.

5.4   Inspirieren durch Orientierung und Sinn

„The purpose of life is not to be happy. It is to be useful, to be honorable, to be compassionate, to have it make some difference that you have lived and lived well."

Ralph Waldo Emerson, Philosoph und Schriftsteller

Will ich Geld, Macht, Ansehen? Frei von diesen Sehnsüchten ist wohl kein Mensch. Wer möchte nicht zumindest von seinem Einkommen sorglos leben, selbst über seinen Alltag bestimmen und vor anderen gut dastehen? Aber es kommt auf das Maß an und auf die Frage: Was beherrscht mich? Das Streben nach Geld, Macht, Ansehen – oder nach Sinn? Und: Bin ich Getriebener oder Chef meiner Bedürfnisse, Motivationen und Vorstellungen? Leadership für Zuversicht 4.0 führt zur Weisheit (siehe Abschn. 3.5). Gerade in einer Zeit mit der Sucht nach öffentlichem Ansehen, nach Zerstreuung und mit einer permanenten Mitteilungsflut, würde Epikur sagen (Koziol 2020, S. 85): „Pfeife auf die Likes, komme erst einmal in dich zurück, mach dich nicht abhängig von Bewunderungen und Urteilen, sondern setze auf die Karte, die da heißt: Sei wachsam, schaue in dich und schaue, ob du die geeigneten Mittel hast, um in aller Ruhe und Vernunft die beste Lösung zu finden – Likes und Bewunderungen von außen verführen nur, darum: Lebe im Verborgenen!" Dann hast du eine innere Burg – so bezeichnet Pierre Hadot (1997, Titel) die Philosophie Marc Aurels – eine feste innere Burg, in die man sich zurückziehen kann, um Kräfte zu sammeln und gestärkt wieder in die Welt – gerade in die digitale – zu ziehen.

Ruhe stärkt das eigene Ich, um in einer volatilen, unsicheren, komplexen, mehrdeutigen Welt Orientierung zu geben und diese Welt mit der erforderlichen persönlichen Weisheit menschen- und lebensdienlich zu gestalten. Wer in der Stille zu sich kommt, ist zudem standfest gegen die korrumpierbaren und krankmachenden Seiten einer digitalen Welt, von den Versprechen von schnellem Geld, Macht, Ansehen bis hin zu menschenverachtendem Profitdenken, Karrierekonkurrenz und persönlichen Eitelkeiten. Schädlichen Werten und Verhaltensweisen zu widerstehen, befreit im Sinne von Lucius Annaeus Seneca, „dass beständiger Seelenfrieden auf solche Freiheit folgt, sobald wir uns dessen entledigt haben, was uns lockt oder schreckt" (Fink 2014, S. 89). Innehalten und Nachdenken schützt vor unüberlegtem Handeln, ermöglicht Antizipation und eröffnet neue Räume. Müßiggang ist aller Ideen Anfang. Raus aus der Hektik, rein in den Müßiggang – wobei sich dieser auch wörtlich nehmen lässt. Ein Spaziergang gilt schon bei den philosophischen Klassikern und Lebenberatern heute als geeignetes Mittel, um mit sich ins Reine zu kommen und Inspiration zu gewinnen. Seneca dazu: „Man sollte nachsichtig mit sich selbst sein und sich häufig Muße gönnen, die wie ein Stärkungsmittel wirkt. Auch weite Spaziergänge im offenen Gelände sollte man unternehmen, damit sich unter freiem Himmel und bei kräftigem Durchatmen der Geist erholen kann." (Fink 2014, S. 21) Der Spaziergang wird zum Gedankengang und gehört zum Repertoire heutiger Leadership. So dient ausgerechnet das analoge Abschalten der Innovation fürs digitale Gestalten, das Zweckfreie auch dem geschäftlichen Zweck.

Diese Besinnung orientiert sich am Sinn. Während von Beginn der menschlichen Geschichte Menschen zusammengehalten haben, um zu überleben, haben heute mehr und mehr Menschen zwar ausreichend Mittel zu leben, doch keinen Lebenssinn (vgl. Frankl, 1978). Das Menschenbild der ausschließlichen „Selbstverwirklichung" kann durch digitale Möglichkeiten bis zum Exzess ausgelebt werden – und wirkt gerade daher heute nicht mehr attraktiv. Vielmehr wächst die Einsicht wieder, dass sich selbst nur verwirklichen kann, wer sich selbst vergisst (vgl. Frankl 2015, S. 147).

Einer der Wegbereiter der Stress-Psychologie, Hans Selye (1974), betonte, dass Altruismus eine wichtige Quelle für die Lösung von Lebenskonflikten ist. Menschen entwickeln einen Sinn für den eigenen Wert, indem sie Gelegenheiten nutzen, wertvoll für andere zu handeln. Durch die hilfreiche Zuwendung entsteht die Freiheit von einer zerstörenden egozentrischen Beschäftigung mit sich selbst. Zuversicht erhält, wer ohne Status zufrieden ist, wer andere nach ihren Werten schätzt, wer Einfachheit, Großzügigkeit und Nicht-Materialismus lebt.

Verantwortlich für das Wohlergehen aller in der Gesellschaft zu sein, ist bis heute Grundlage westlicher Demokratien, wie es auch die Präambel zum deutschen Grundgesetz ausdrückt. Dazu kann die Technik helfen. Auch das ist ein Grund zur Zuversicht. „Revolution doesn't happen when society adopts new technologies it happens when society adopts new behaviors", stellt Clay Shirky (2010) fest. Ausgehend von Anthropologie, Wirtschaftstheorie und genauer Beobachtung macht Shirky deutlich, wie digitale Technologie soziale und politische Organisatoren befähigen kann und damit einst unmögliche Formen von Gruppenaktionen ermöglicht. Leadership für menschliche Zuversicht setzt nicht allein digitale Technik sinnvoll, den Menschen dienend ein, sie ermutigt zu Großzügigkeit und Hilfsbereitschaft, damit Menschen die Freude erfahren, die Hilfe für andere bedeutet.

Laut Scharmer (2015) richtet sich das Bewusstsein der Zukunft auf das Wohl aller aus. Er bezeichnet die neue digitale Zeit als „Öko-System Bewusstsein". Dieser Bewusstseinswandel betreffe Individuen, Teams, Organisationen und die Gesellschaft als ganzes. In einer digitalen Welt, in welcher mehr und mehr Routinen auf programmierte Maschinen übertragen werden, dient Arbeiten nicht nur dem Broterwerb, sondern dem sinnvollen Gestalten des menschlichen Zusammenlebens. Robert K. Greenleaf, Gründer der modernen Servant Leadership-Bewegung, denkt weiter: „Ich glaube, dass die Sorge von Menschen füreinander eine gute Gesellschaft begründet. Eine bessere, gerechtere und fürsorgendere Gesellschaft ist möglich, wenn den Menschen die Möglichkeit des Wachstums ihrer Persönlichkeit gegeben wird; dies ist effizienter und wirtschaftlicher als soziale Unterstützung." (Arens und vom Ende 2021, S. 23) Entsprechend wird auch eine Gemeinwohl-Ökonomie populärer und zeigt sich an einer zunehmenden Zahl weltweit vernetzter sozialer Unternehmen wie beispielsweise Seehaus e. V. für einen modernen Strafvollzug (Zehendner 2021) oder das humanitäre Modelabel [eyd] (Schaller und Will 2021). Deren unternehmerischer Gemeinsinn ermutigt, gibt Menschen Orientierung und persönliches Wachstum und inspiriert darüber hinaus den persönlichen Sinn vieler Mitwirkender.

Inspirieren durch Orientierung und Sinn bedeutet in einer digitalen Welt, in Anlehnung an Howard Thurman, amerikanischer Philosoph, Theologe, Autor und Bürgerrechtskämpfer: „Frage nicht, was die Welt braucht. Frage dich selbst, was dich lebendig macht, und gehe und tue das, denn was diese digitale Welt braucht, das sind Menschen, die lebendig geworden sind."

Aufbruch – zu einem zuversichtlichen und mutigen Miteinander

> *„Gebt mir einen Hebel, der lang genug, und einen Angelpunkt, der stark genug ist, dann kann ich die Welt mit einer Hand bewegen."*
>
> Archimedes, griechischer Physiker und Mathematiker

Archimedes würde heute schnell feststellen: Die digitale Technik ist ein gigantisch langer Hebel, um die Welt mit einer Hand – oder mit einem Klick – zu bewegen. Umso wichtiger ist die Frage, wo der Mensch seinen geistigen Angelpunkt setzt. Unser Menschenbild prägt unser Handeln. Denn nicht die digitale Technik entscheidet unsere Zukunft, sondern unser Bild von uns Menschen. Und unser Umgang miteinander entscheidet, wie wir mit der Technik umgehen.

Wollen wir uns einer digitalen Hierarchie und Abhängigkeit hingeben, unser Denken, Fühlen und Handeln einer anonymen Öffentlichkeit ausliefern für Machtstrukturen, die nicht demokratisch gewählt werden können? Oder wollen wir für uns und andere die persönliche Identität wahren, ohne dass alle unsere Bewegungen, Regungen, Äußerungen und Wünsche katalogisiert und manipuliert werden? Wollen wir digitale Technik gegen oder für die menschliche Würde entwickeln und einsetzen? Ist ein Freund beispielsweise ein digitaler Kontakt oder ein lebendiges Mysterium, das seine Exklusivität aus den unzählbaren Empfindungen und Erfahrungen erhält: von Angesicht zu Angesicht und von Herz zu Herz? Ist beim Wort „erkennen" die digitale Gesichtserkennung gemeint oder vor allem das Gefühl bei einer menschlichen Begegnung?

Die zuversichtliche Gestaltung unserer digitalen Zukunft in einem soziotechnischen System umfasst als Handeln auf vier Feldern:

D. Eberspächer-Roth und G. Stegert, *Leadership für Zuversicht 4.0*, essentials, https://doi.org/10.1007/978-3-658-34989-9_6

- Menschliche Fähigkeiten und Potentiale des einzelnen Menschen identifizieren und in wohlwollender und menschenwürdiger Gemeinschaft integrieren, um Menschen nicht alleine zu lassen mit der künftigen Informatik.
- In digitale Kompetenz investieren, um dem Bedürfnis des Menschen nach Mündigkeit zu entsprechen, anstatt ein wenig flexibles digitales System zu ertragen, das zum Vorteil des schnellen Kapitals entworfen wurde.
- Mit digitalen Lösungen innovieren, um digitale Technik professionell und verantwortlich als eine produktive Lösung für die Deckung menschlicher Bedürfnisse einzusetzen.
- Menschen mit Sinn inspirieren aus der Zuversicht, als Menschen Sinnstifter und Gebende zu sein und nicht nur im Rahmen digital vorgegebener Regeln funktionieren zu müssen.

Was ist nun nach dem Lesen dieses Essentials die Erkenntnis aus der Geschichte mit dem Sahnetopf und den drei Fröschen? Der so verführerische Topf mit Sahne ist lebensgefährlich, Optimismus oder Pessimismus helfen nicht heraus, lediglich der Zuversichtliche strampelt und wird belohnt. Er schafft aus der Sahne die Plattform, die Zukunft bedeutet. Noch nie war es wichtiger als jetzt, mit menschlicher Zuversicht zu handeln!

Erratum zu: Menschliche Zuversicht – ein evolutionärer Denkansatz

Daniela Eberspächer-Roth und Gernot Stegert

Erratum zu:
Kapitel 5 In: D. Eberspächer-Roth und G. Stegert,
Leadership für Zuversicht 4.0, **essentials**
https://doi.org/10.1007/978-3-658-34989-9_5

Aufgrund eines Versehens von Springer wurde Abb. 5.2 im Kap. 5 anfänglich unvollständig veröffentlicht. Die richtige Darstellung ist hier zu finden.

Innovations- und Disruptionsbereiche digitaler Technik	1. Schnell Bequem Flexibel	2. Besser oder NEU	3. Sicher oder Preiswert
A. Produkte, Service	✚	✚	✚
B. Prozesse, Produktion	✚	✚	✚
C. Information, Kommunikation	✚	✚	✚

Abb. 5.2 Innovations- und Disruptionsbereiche digitaler Technik. (vgl. Eberspächer-Roth 2019, S. 58)

Die überarbeitete Fassung des Kapitels ist verfügbar unter
https://doi.org/10.1007/978-3-658-34989-9_5

D. Eberspächer-Roth und G. Stegert, *Leadership für Zuversicht 4.0,* essentials,
https://doi.org/10.1007/978-3-658-34989-9_7

E1

Was sie aus aus diesem *essential* mitnehmen können

- Sich auf das Menschliche besinnen für Zuversicht in einer digitalen Welt
- Kommunikation ist Verständigung, menschliche Fähigkeiten integrieren
- Sich des Bewusstseins bewusst sein, in digitale Mündigkeit investieren
- Willen und Freiheit sind keine Illusion, mit digitaler Technik verantwortlich innovieren
- Auf das Ganze kommt es an, durch Sinn und Weisheit inspirieren

Literatur

Ackoff RL (1970) A Concept on Corporate Planning. Wiley-Interscience, New York

Arens HJ, Ende Mv (2021) Führen durch Dienen. Perspektiven, Reflexionen und Erfahrungen zur Praxis von Servant Leadership. Erich Schmidt, Berlin

Bea FX, Göbel E (2006) Organisation. Theorie und Gestaltung. Lucius & Lucius, Stuttgart

Bieri P (2003) Das Handwerk der Freiheit. Über die Entwicklung des eigenen Willens. Fischer, Frankfurt a. M.

Biemann T, Weckmüller H (2015) Vertrauensarbeitszeit und -ort: Effektives Arbeiten, wann und wo man will? PERSONALquarterly, Nr. 2/2015, S. 46–49. Haufe-Lexware, Freiburg

Braendle M (2020) Künstlicher Intelligenz Spaß beibringen. Max-Planck-Institut für biologische Kybernetik. https://www.kyb.tuebingen.mpg.de/465151/ki-spass-beibringen. Zugegriffen: 06. April 2021

Buber M (1984) Das dialogische Prinzip. Lambert Schneider, Heidelberg

Bundesinstitut für Berufsbildung (2013) Datenreport zum Berufsbildungsbericht 2013. BIBB, Bonn

Bundesministerium für Bildung und Forschung (BMBF) (2017) Digitale Kompetenz ist eine Kulturtechnik. https://www.bmbf.de/de/digitale-kompetenz-ist-eine-kulturtechnik-4265.html. Zugegriffen: 5. April 2021

Bundesministerium für Bildung und Forschung (BMBF) (2021): Künstliche Intelligenz (KI), https://www.bmbf.de/upload_filestore/pub/Kuenstliche_Intelligenz.pdf. Zugegriffen: 28. Februar. 2021

Bundestag-Enquete-Kommission „Künstliche Intelligenz – Gesellschaftliche Verantwortung und wirtschaftliche, soziale und ökologische Potenziale" (2020) Abschlussbericht, vorgelegt am 28. Okt. 2020. https://www.bundestag.de/ausschuesse/weitere_gremien/enquet e_ki. Zugegriffen: 26. April 2021

Calvin WH (1993) Die Symphonie des Denkens. Wie aus Neuronen Bewusstsein entsteht. Hanser, München

Covey SMR, Merill RR (2018) Schnelligkeit durch Vertrauen. Die unterschätzte Ökonomische Macht. Gabel, Offenbach

Daum T (2020) Das agile Subjekt in Pandemiezeiten. Wissenschaftszentrum Berlin für Sozialforschung (WZB). https://www.wzb.eu/de/forschung/corona-und-die-folgen/das-agile-subjekt-in-pandemiezeiten. Zugegriffen: 5. Januar. 2021

Deloitte (2014) Building your digital dna. Lessons from digital leaders. https://www2.deloitte.
com/xe/en/pages/technology/articles/building-your-digital-dna.html. Zugegriffen: 22.
Okt. 2017

Dorsey J (2016) Gen-Z Techn Disruption: 2106 National Study on Technology and the
Generation After Millennials. Center for Generational Kinetics. https://genhq.com/wp-
content/uploads/2016/01/iGen-Gen-Z-Tech-Disruption-Research-White-Paper-c-2016-
Center-for-Generational-Kinetics.pdf. Zugegriffen: 15. Januar 2021

Eberspächer-Roth D (2019) Leadership for a digital culture transformation. Pro BUSSINESS,
Berlin

Emery FE, Trist EL (1969) Socio-technical Systems. In: Emery FE (Hrsg) Systems Thinking.
Penguin books, Harmondsworth, S. 281–295

Europäischer Rahmen für die Digitale Kompetenz von Lehrenden (DigCompEdu). https://
ec.europa.eu/jrc/sites/jrcsh/files/digcompedu_leaflet_de_2018-01.pdf. Zugegriffen: 06.
April 2021

Frankl V (1978) The unheard cry for meaning. Simon and Schuster, New York

Frankl V (2015) Der Mensch vor der Frage nach dem Sinn. Piper, München, Berlin

Frei F, Morriss A (2020) Begin with trust. Harvard Business Review (HBR). https://hbr.org/
2020/05/begin-with-trust. Zugegriffen: 05. April 2021

Gabriel M (2015) Ich ist nicht Gehirn. Philosophie des Geistes für das 21. Jahrhundert.
Ullstein, Berlin

Gerrig RJ (2018) Psychologie. Pearson, Hallbergmoos

Gimpel H, Lanzl J, Regal C, Urbach N, Wischniewski S, Tegtmeier P, Kreilos M, Kühlmann T,
Becker J, Eimecke J, Derra ND (2019) Gesund digital arbeiten?! Eine Studie zu digitalem
Stress in Deutschland. Augsburg: Projektgruppe Wirtschaftsinformatik des Fraunhofer
FIT. https://doi.org/10.24406/fit-n-562039. Zugegriffen: 19. März 2021

Gimpel H, Bayer S, Lanzl J, Regal C, Schäfer R, Schoch M (2020) Digitale Arbeit während der
COVID-19-Pandemie. Eine Studie zu den Auswirkungen der Pandemie auf Arbeit und
Stress in Deutschland. Augsburg: Projektgruppe Wirtschaftsinformatik des Fraunhofer
FIT. https://doi.org/10.24406/FIT-N-618361. Zugegriffen: 19. März 2021

Greif S (1996) Selbstorganisationstheorien. Greif S, Kurtz HJ (Hrsg.) Handbuch selbstorga-
nisiertes Lernen. Hogrefe, Göttingen

Grimm P (2020) Ent-wirklichung. Zum Vertrauen in Zeiten der digitalen Infodemie. In: Koziol
K (Hrsg.) Entwirklichung der Wirklichkeit. Kopaed, München

Hadot P (1997) Die innere Burg. Anleitung zu einer Lektüre Marc Aurels. Gatza Verlag,
Berlin

Harari YN (2019) Homo Deus. Eine Geschichte von Morgen. C.H. Beck, München

Hemel U (2020a) Kritik der digitalen Vernunft. Warum Humanität der Maßstab sein muss.
Herder, Freiburg

Hemel U (2020b) Die Daten müssen den Menschen dienen. Interview mit Gernot Stegert im
Schwäbischen Tagblatt Tübingen vom 16. Sept. 2020

Higgins ET, Pittman TS (2008) Motives of the human animal: Comprehending, managing,
and sharing inner states. Anual Review of Psychology, 59, S. 361–385

Ismail S, Malone MS, Van Geest Y (2014) Exponential Organizations: Why new organizations
are ten times better, faster, and cheaper than yours (and what to do about it). Diversion
Books, New York

Jones GR, Bouncken RB (2008) Organisation. Theorie, Design und Wandel. Pearson, Hallbergmoos

Jung M (2019) Bill Gates: Die besten Zitate und Sprüche. https://www.studihub.de/bill-gates-die-besten-30-zitate-und-sprueche/ Zugegriffen: 05. April 2021

Kagermann H, Wahlster W, Helbig J (Hrsg.) (2013) Umsetzungsempfehlungen für das Zukunftsprojekt Industrie 4.0. Berlin. https://www.bmbf.de/files/Umsetzungsempfehlungen_Industrie4_0.pdf. Zugegriffen: 16. Dez 2017

Kirchner S (2012) Wer sind wir als Organisation? Organisationsidentität zwischen Neo-Institutionalismus und Pfadabhängigkeit. Campus-Forschung, Band 958. Campus, Frankfurt

Kling M-U (2017) Qualityland. Ullstein, Berlin

Koziol K (2020) Der Mensch der digitalen Moderne braucht die antike Philosophie. In: Koziol K, Vogel N, Steib R (Hrsg) Bildung und Medienkompetenz, Wege zur digitalen Souveränität. Kopaed, München, S. 77–96

Lanier J (2010) Gadget. Warum die Zukunft uns noch braucht. Suhrkamp, Berlin

Lanier J (2014) Wem gehört die Zukunft? Du bist nicht der Kunde der Internet-Konzerne, du bist ihr Produkt. Hoffmann und Campe, Hamburg

Lanier J (2018) Anbruch einer neuen Zeit. Wie Virtual Reality unser Leben und unsere Gesellschaft verändert. Hoffmann und Campe, Hamburg

Linke DB (2005) Die Freiheit und das Gehirn. Eine neurophilosophische Ethik. C.H. Beck, München

Lotter W (2014) Deal? Vertrauen ist das Bindemittel der Wissensgesellschaft. Und zu wertvoll, um unverbindlich zu bleiben. In: brand eins 2014 (10), S. 36–44

McCulloch W S (1945) A heterarchy of values determined by the topology of nervous nets. Bulletin mathematical Biophysics, Band 7. Springer, Berlin

Meckel M (2011) Next. Erinnerungen an eine Zukunft ohne uns. Rowohlt, Hamburg

Miller AF, Mattson RT (1977) The truth about you. Grundfähigkeiten weiterentwickeln. Fleming H. Revell, Old Tappan

Nerdinger F, Blickle G, Schaper N (2019) Arbeits- und Organisationspsychologie. Springer, Berlin

Noë A, Wagler C (2009) Du bist nicht dein Gehirn. Eine radikale Philosophie des Bewusstseins. Piper, München

Oerter R, Montada L (2002) Entwicklungspsychologie. Ein Lehrbuch. Beltz, Weinheim

Ryle G (1969): Der Begriff des Geistes. Erstausgabe 1949. Reclam, Stuttgart

Schaller N, Will L (2021) Der Stoff aus dem die Freiheit ist. Adeo, Asslar

Scharmer CO (2015) Theorie U – Von der Zukunft her führen. Presensing als soziale Technik. Carl Auer, Heidelberg

Schirach Fv (2021) Jeder Mensch. Luchterhand, München

Schirrmacher F (2009) Payback. Warum wir im Informationszeitalter gezwungen sind zu tun, was wir nicht tun wollen, und wie wir die Kontrolle über unser Denken zurückgewinnen. Blessing, München

Schnabel U (2018) Zuversicht. Die Kraft der inneren Freiheit und warum sie heute wichtiger ist denn je. Blessing, München

Searle JB (2004) Freiheit und Neurobiologie. Suhrkamp, Frankfurt a. M.

Selye H (1974) Stress without distress. J.B. Lippincott, Philadelphia

Shirky C (2010) Here comes everybody. https://thehypertextual.com/2010/08/14/here-comes-everybody-by-clay-shirky. Zugegriffen: 29. März 2021

Soule D, Puram A, Westerman G, Bonnet D (2016) Becoming a Digital Organization: The Journey to Digital Dexterity. https://papers.ssrn.com/sol3/Delivery.cfm/SSRN_ID27 11307_code872768.pdf?abstractid=2697688&mirid=1. Zugegriffen: 22. Mai 2021

Terstegen S (2019) Künstliche Intelligenz in der Arbeitswelt, in Leistung und Entgelt Nr. 2 Juni 2019, S. 9, Institut für angewandte Arbeitswissenschaft (IfaA), Düsseldorf

Thun Sv (1981) Das Kommunikationsquadrat. https://www.schulz-von-thun.de/die-modelle/das-kommunikationsquadrat. Zugegriffen: 22. Mai 2021

Thurman H (1899–1981) Zitat unter: https://www.aphorismen.de/zitat/132333. Zugegriffen: 16. April 2021

Tscheuschner M, Wagner H (2008) TMS- Der Weg zum Hochleistungsteam: Praxisleitfaden zum Team Management System nach Charles Margerison und Dick McCann. Gabal, Offenbach

Weibler J (2012) Personalführung. Vahlen, München

Wierse A, Riedel T (2017) Smart Data Analytics. Zusammenhänge erkennen, Potentiale nutzen, Big Data verstehen. De Gruyter, Berlin

Wilpert B (1998) A view from psychology. Heller F, Pusic E, Strauss G, Wilpert B (Hrsg) Organizational participation. Myth and reality. University Press, Oxford

Wimmer R (1996) Die Zukunft der Führung. Brauchen wir noch Vorgesetzte im herkömmlichen Sinne? Zeitschrift für Organisationsentwicklung, 4/1996. Otto Schmidt, Düsseldorf

Wittgenstein L (1977): Philosophische Untersuchungen. Erstausgabe 1953. Suhrkamp, Frankfurt a. M.

Wittpahl V (2017) Digitale Sourveränität. Bürger/Unternehmen/Staat. Springer, Berlin/Heidelberg

White R (1959). Motivation reconsidered: The concept of competence, Psychological Review, 66, S. 297–333

Zehendner C (2021) Jeder verdient eine zweite Chance. Brunnen, Gießen

Zuboff S (2018) Das Zeitalter des Überwachungskapitalismus. Campus, Frankfurt/New York

Printed in the United States
by Baker & Taylor Publisher Services